2021年
国外核工业与技术重大发展动向

中 国 核 学 会
中核战略规划研究总院 著
中国原子能科学研究院

中国原子能出版社

图书在版编目（CIP）数据

2021年国外核工业与技术重大发展动向 / 中国核学会，中核战略规划研究总院，中国原子能科学研究院著．—北京：中国原子能出版社，2022.6

ISBN 978-7-5221-1920-5

Ⅰ.①2… Ⅱ.①中… ②中… ③中… Ⅲ.①原子能工业—工业发展—研究—国外—2021 Ⅳ.①F416.23

中国版本图书馆 CIP 数据核字（2022）第 046424 号

2021年国外核工业与技术重大发展动向

出版发行 中国原子能出版社（北京市海淀区阜成路43号 100048）
责任编辑 胡晓彤
责任印制 赵 明
装帧设计 崔 彤
印　　刷 北京九州迅驰传媒文化有限公司
开　　本 787 mm×1092 mm 1/16
印　　张 14.5 **字　　数** 220千字
版　　次 2022年6月第1版 2022年6月第1次印刷
书　　号 ISBN 978-7-5221-1920-5 **定　价** **88.00元**

网址：http://www.aep.com.cn **E-mail：atomep123@126.com**
发行电话：010-68452845

《2021年国外核工业与技术重大发展动向》

编写委员会

顾　　问： 王寿君　黄国俊

主　　任： 潘启龙

副 主 任： 刘建桥　杨红义　郝朝斌

委　　员： （按姓氏笔画排序）

丁其华　王文盛　王春芬　王　颖　尹忠红
伍险峰　信萍萍

审查专家

赵　军　康力新　黄国俊　李　景　诸旭辉

编写组

主　　编： 许春阳

成　　员： （按姓氏笔画排序）

马荣芳　王春芬　王　树　仇若萌　邓晨阳
田　玮　伍浩松　刘乙竹　刘　渊　孙晓飞
杜静玲　杨　力　李晓洁　李晨曦　肖朝凡
宋　岳　宋敏娜　张　莉　张　雪　张　焰
陆　燕　陈亚君　金　花　赵　松　赵　畅
赵学林　赵　燕　侯梦洁　袁永龙　夏　芸
夏梦蝶　高寒雨　蔡　莉　戴　定　魏可欣

前　言

当前，世界面临百年未有之大变局，国际战略格局深刻演变，新冠肺炎疫情冲击和大国博弈交织叠加。核工业作为高科技战略产业和国家安全重要基石，始终是大国竞争的战略制高点。为及时准确了解和把握国外核工业发展态势，我们组织相关力量，持续开展国外核工业与技术重大发展动向研究。2021 年，聚焦核战略与核武器装备、核军控与防扩散、核能与核燃料、核技术应用、退役治理等五个领域，遴选出 40 多个具有重大现实或潜在影响意义的专题，开展系统分析研究，形成《2021 年国外核工业与技术重大发展动向》报告，供有关部门领导和科研一线的同志们参考。

《2021 年国外核工业与技术重大发展动向》课题组

2021 年 12 月

目　录

核战略与核武器装备

一、2021年国外核武器装备与技术发展综述

2021年，全球核武器库存仍保持较大规模。主要核武器国家积极推进核力量现代化建设，关键核武器装备项目取得重要进展；“核门槛”国家持续扩大核武库，着力增强核打击能力。

1. 全球核武器库存

全球核武器库存略有下降，美俄部署核弹头数量比上年增加。 6月，斯德哥尔摩国际和平研究所发布《年鉴2021：全球军备、裁军和国际安全的现状》，评估了全球核态势，认为“自去年以来，尽管世界核武器的总体库存有所下降，但可备战的武器数量却在增加。”年鉴公布了9个拥有核武器国家的最新库存情况，分别为美国、俄罗斯、英国、法国、中国、印度、巴基斯坦、以色列和朝鲜，总数约为13 080枚，相比于上一年度，核弹头总量减少了320枚。其中，美国拥有5550枚核弹头（部署1800枚），俄罗斯6255枚（部署1625枚），美俄部署在作战部队的核弹头数量均比前一年增加约50枚；英国225枚（部署120枚），法国290枚（部署280枚），印度156枚，巴基斯坦165枚，以色列90枚，朝鲜40～50枚。

2. 战略政策

美国强化核威慑在大国战略竞争中的作用。5 月，美国防部提出“一体化威慑”战略构想，确定核威慑的重要地位，提议将核、非核、科技、外交等多种手段整合为综合威慑能力，使核形成跨域威慑，并将此概念作为新版《国防战略》的主导思想。

俄罗斯坚持核遏制政策，强调保持足够水平的核力量。6 月，俄罗斯表示，“俄奉行防御性核政策，但在国家生存受到威胁时，将保留使用核武器进行反击的权利”。7 月，俄在新版《俄联邦国家安全战略》强调核威慑力量需保持足够水平。

英国调整最低限度核威慑政策，将增加库存核武器数量。3 月，英国发布《竞争时代的全球化英国：安全、国防、发展与外交政策综合评估》报告，扭转了数十年的逐步裁军政策，宣布大幅增加核库存上限，将核弹头的数量增加到 260 枚，远超过之前宣布的 180 枚目标。此举标志着英国不再坚持最近几十年一直奉行的不扩充核武库政策。

3. 核弹头/核航弹

美国 W88 核弹头 370 改进计划取得重要进展。7 月，美国完成首枚 W88 改进 370 核弹头的组装，该弹头将于 2026 年前替换现役全部 384 枚海基 W88 核弹头，配装于“三叉戟”-Ⅱ导弹，进一步增强美国海基核威慑与打击能力。

美国完成首枚 B61-12 核航弹生产。12 月，经过历时 9 年多的研制，美国完成首枚 B61-12 核航弹生产，并将于 2022 年 5 月启动批量生产。该弹可选择多个爆炸当量（300 吨、1500 吨、10 000 和 50 000 吨），满足多种作战场景，服役后可进一步提高美空基核打击的灵活性。

4. 核运载工具与平台

美国全面推进核运载工具与平台建设。陆基方面，新型洲际弹道导弹“陆基战略威慑系统”已进入工程与制造发展阶段，计划2024财年进行首飞试验，2029年具备初始作战能力；海基方面，首艘新型“哥伦比亚”级弹道导弹核潜艇开始建造，计划于2028年交付，2030年开始取代现役“俄亥俄”级战略核潜艇；空基方面，6月，首批两架B-21隐形轰炸机已完成建造，首飞时间推定于2022年，预计在2030年具备初步作战能力，7月，雷声公司获得20亿美元的合同，用于远程防区外巡航导弹的工程和制造开发阶段，10月，F-35战斗机完成B61-12全武器系统演示验证。

俄罗斯加快新一代核运载工具和平台的研制与部署。继续更新战略核武器，3月，俄罗斯年度国情咨文指出，到2021年年底，俄罗斯“三位一体”核力量中的先进武器装备（包括战略轰炸机、洲际弹道导弹和弹道导弹核潜艇）的比例将超过88%；陆基方面，3个“亚尔斯”洲际弹道导弹团于1月部署，“萨尔马特”洲际弹道导弹地面研制工作已接近尾声，计划2022年开始列装，“雪松”新一代洲际弹道导弹被列入2027年前国家装备发展规划，研究论证工作已启动；海基方面，12月，第二艘“北风”A级弹道导弹核潜艇“奥列格大公”号服役，目前正在北德文斯克造船厂建造的“苏沃洛夫元帅”号（第三艘）“北风”A级核潜艇将于2022年12月交付俄海军；空基方面，4月，俄罗斯国防部批准了PAK-DA战略轰炸机的最终外观，俄计划制造3架PAK-DA原型机，2023年公布“展示模型”，2025年4月开始初步评估和测试，当年秋季完成首航。

英法研制新型核运载平台和工具。英“无畏”级新型弹道导弹核潜艇研制顺利，预计2030年服役，可装载12枚“三叉戟”-Ⅱ D5改进型潜射弹道导弹。2 月，法国宣布第三代战略核潜艇（SNLE 3G）项目进入全面开发阶段，首艇将于 2035 年交付，共建造 4 艘；ASN4G 新型高超声速空射核巡航导弹计划于 2030 年取代现役 ASMP-A 空射核导弹，计划 2035 年投入使用。

印度着力提升核导弹打击能力。印度正在寻求建立自己的“火箭军”，目的是将各军种的导弹能力合并到一个统一的指挥和控制体系下，提升打击能力和效率。6 月和 12 月，印度两次成功试射可携带核弹头的新一代“烈火”-P 弹道导弹。“烈火”-P 在“烈火”全系列导弹中重量最轻、尺寸最小，采用多种先进技术，包括复合材料弹体、改进型固体发动机、机动再入飞行器、改进中继制导和末端制导精准度以及使用比冲更大的推进剂等。10 月，印度成功试射一枚可携带核弹头的“烈火”-5 洲际弹道导弹。此次试射是“烈火”-5 的首次夜间测试，也是第 8 次成功试射和负责印度核武库的战略部队司令部在引入这款导弹后的首次“用户试验”。

巴基斯坦继续发展核武器装备，导弹试射频繁。1 月，成功试射“沙欣”-3 导弹；3 月、11 月成功试射“沙欣”-1A 导弹；8 月，成功试射“加兹纳维”导弹。3 型导弹均为地对地弹道导弹，能够携载核弹头和常规弹头，最远射程近 3000 千米。

朝鲜继续发展核力量，密集试射新型导弹。9 月，两次成功试射新研制的远程巡航导弹，美英等国军事专家认为其可能为核常兼备型。同月，进行了铁道机动导弹试射，精确打击了设定在朝鲜东海 800 千米水域的目标。10 月，成功试射一枚新型潜射弹道导弹，导弹采用侧面机动及滑翔跳跃机动等多种技术。

5. 核指控系统

美国提升核指控系统整体能力。10 月，据美国国务院透露，美国通过预警探测及指挥控制系统智能化，提高情报侦察、判断决策、命令传输、发射操作效率等，将战略核武器的反应时间缩短至分钟级甚至秒级。

美国对核指控飞机平台进行升级改进。3月，在美国空军全球打击司令部的指导下，为E-4B战略指挥飞机高吞吐量波段提供通信和互联网服务。同月，开始将E-6B战略指挥飞机的任务计算机从32位升级为64位Linux操作系统，从而提高运行性能并减少漏洞。

6. 核装备技术

美国持续推进核武器库存管理确保核武器安全有效。4月，美国完成支持聚合物生产任务的设施建设，该设施将支持W80-4弹头延寿和W87-1弹头改进计划。7月，在W80-4核弹头测试件上进行了第一批综合环境地面测试，此次测试获得的数据将为设计决策提供信息，定义核弹头部件的环境规范，并用于计算模型验证。

美国积极推动小微型反应堆在国防领域的应用。1月，美国发布《推进国防和太空探索使用小型模块堆》行政令，强调在军事基地进行小型反应堆的示范，以及确保高丰度低浓铀的供应。3月，美国防部签订微型可移动反应堆原型堆的研发合同，计划在2022年初设计审查和环境分析完成后，进行原型堆的建造和示范工作。

（中核战略规划研究总院
张　莉、孙晓飞）

二、拜登政府寻求调整美国核宣示政策

核宣示政策是指有核武器国家宣布使用或排除使用核武器的条件，目的是慑止对手采取军事行动。拜登政府寻求调整美国现行“模糊性”核宣示政策，将核武器定位在慑止并反击核攻击的“唯一目的”。

1. 美国现行“模糊性”核宣示政策

美国历来对核宣示政策保持模糊性态度，奥巴马政府和特朗普政府延续了这一做法。奥巴马政府在2010年《核态势评估》报告中宣称，“美国将仅在极端情况下考虑使用核武器，以保护美国或盟友和伙伴的重要利益”“美国将继续加强常规能力并降低核武器在慑止非核攻击方面的作用，目标是使慑止针对美国或盟友和伙伴的核攻击成为美国核武器的唯一目的”。特朗普政府2018年《核态势评估》报告中宣称，“美国将仅在极端情况下考虑使用核武器，以保护美国、盟友和伙伴的重要利益。极端情况可能包括重要的非核战略攻击。重要的非核战略攻击包括但不限于对美国、盟友或伙伴的民众或基础设施的攻击，对美国或盟友的核力量、指挥与控制能力、预警与打击评估能力的攻击。”

奥巴马政府和特朗普政府的核宣示政策均表示“仅在极端情况下使用核武器，以保护美国、盟友和伙伴的重要利益”，但未明确“极端情况”“重要利益”的具体含义，保持了一定程度的模糊性。奥巴马政府虽然提出将“唯一目的”作为目标，但实际上对美国核力量发展和运用政策的调整有限。特朗普政府虽进一步说明了“极端情况”的可能条件，但“可能包括”“包括但不限于”等说法实际上扩大了核武器的使用范围。

2. 拜登政府拟采取“唯一目的”核宣示政策

拜登曾在担任副总统期间于 2017 年 1 月提出自己对美国核宣示政策的构想：“考虑到我们的非核能力和当今威胁的性质，很难想象美国首先使用核武器是必要的或有意义的。奥巴马总统和我相信，我们能够通过其他手段阻止和保护我们自己和盟友免受非核威胁。下届政府将提出自己的政策。但是，在《核态势评估》报告发表七年之后，总统和我坚信，我们已经取得了足够的进展，威慑、必要时报复核攻击应该是美国核武库的唯一目的。”此后，拜登在竞选总统期间多次表态重申这一政策，同时承诺“与美国军方和盟友磋商，努力将这一信念付诸实践”。拜登政府《临时国家安全战略指导方针》明确提出，“美将采取措施降低核武器在国家安全中的作用”。

“唯一目的”政策的支持者认为，考虑到美国的常规军事优势，核武器在慑止非核攻击方面的实际作用有限，不具有可信性；“唯一目的”政策一改美国核宣示政策的模糊性，有助于降低核武器作用及核冲突风险；可以为美国赢得军备控制的主动权。

3. “唯一目的”政策能否获通过有待进一步审议

“唯一目的”接近但有别于“不首先使用”政策。“唯一目的”明确核武器仅用于威慑并反击核攻击，因此，从作战运用层面讲，“唯一目的”十分接近“不首先使用”。但两种政策强调的目的不同，“不首先使用”是关于什么时候会（或不会）使用核武器的声明，是对使用核武器的一项明确的事先限制，强调核武器的使用条件；“唯一目的”意在说明为什么拥有核武器，而不必对核武器的使用施加严格限制。

历史上，美国曾多次审议“不首先使用”政策，寻求保证美国不会在冲突中首先使用核武器并降低核武器作用，但均未通过。反对者认为，“不首先使用”政策将削弱美国核威慑的可信性；美国仍面临无法以非核手段回应的生物、网络、外空等重大非核战略攻击；“不首先使用”将使对手敢于对美国及盟友发动常规攻击，还会使盟友失去对美国延伸威慑核保护的信心，可能导致盟友寻求发展核武器；此外，“不首先使用”政策需要对核力量态势做出重大调整，遭到美国军方强烈反对，认为此举将降低美国核力量的整体生存能力。

拜登政府将于近期启动新一轮核态势审议，鉴于“唯一目的”与“不首先使用”政策十分接近，且美国内一贯反对“不首先使用”政策，“唯一目的”能否通过仍存在不确定性。

4. 美智库基于“唯一目的”提出多种其他政策建议

部分美智库学者认为，美国应降低核武器作用，但现阶段推行“唯一目的”不具有可行性，并基于“唯一目的”提出多种核宣示政策建议。一种是在“唯一目的”的基础上进行调整，即美国核武库的唯一目的是阻止针对美国及其盟国的包括核攻击在内的重大战略攻击。另一种是“生存威胁”政策，即美国只有在没有可行替代办法来阻止针对美国及其盟友的生死存亡的攻击时才会考虑使用核武器。提出者认为，上述政策比“不首先使用”更谨慎，更能凝聚联盟，比“唯一目的”更能适应不断变化的威胁。

5. 小结

拜登政府推行“唯一目的”核宣示政策在降低核武器作用及核冲

突风险方面具有一定积极意义。但必须看到的是，美国推行该政策的基本出发点是美占有常规军事的绝对优势，各国如能效仿美降低核武器作用将有助于维持美军事霸权地位。美国绕开“不首先使用”政策转而提出“唯一目的”，其本质仍然是避免核力量发展及运用受到核宣示政策的制约。

（中核战略规划研究总院

宋　岳）

三、美国核力量未来五年发展分析

1. “三位一体”核力量现状

美国长期保持陆基洲际弹道导弹、海基战略核潜艇、空基战略轰炸机以及各型核弹头等装备组成的“三位一体”核力量结构，核武库规模庞大，装备性能先进。

陆基核力量。包括 400 枚“民兵”-Ⅲ洲际弹道导弹和 800 个核弹头（W78、W87-0），部署在 3 个空军基地。每枚“民兵”-Ⅲ洲际弹道导弹可携带 1～3 个核弹头，射程可达 13 000 千米，响应速度快，具备对目标实施快速核打击的能力，是美国先发制人战略核打击的主力。

海基核力量。包括 14 艘“俄亥俄”级战略核潜艇、240 枚“三叉戟”-ⅡD5 潜射弹道导弹和 1920 个核弹头（W76-1/2、W88），部署在两个海军基地。“俄亥俄”级战略核潜艇隐蔽性好、生存能力强、载弹量大，每艘可携带 20 枚“三叉戟”-ⅡD5 导弹，每枚导弹可携带 1～8 个核弹头，具备实施大规模核反击的能力。

空基核力量。包括 20 架 B-2A、46 架 B-52H 战略轰炸机，528 枚 AGM-86B 空射巡航导弹和 1080 个核航弹/核弹头（B61-3/4/7/11、B83、W80-1）。B-2A 具备良好的隐身性能和突防能力，可对目标实施临空核打击，B-52H 可携带 AGM-86B 空射巡航导弹从防区外发起核打击；两型轰炸机航程均超过 10 000 千米，空中加油后具备全球巡航能力，可灵活部署运用。

非战略核力量。包括核常兼备 F-15E、F-16 等战斗机及携带的 B61-3/4 核航弹，以及少量装载 W76-2 海基低威力核弹头的潜射弹道导弹。

2. 未来五年建设发展重点

为保持核力量长期安全可靠有效，美国未来五年将继续推进“三位一体”核力量现代化改进，大幅升级改进现役装备，全力开展新型装备研制、生产。发展重点包括以下几点。

（1）延寿、改造多型现役核弹头

陆基 W87-1 核弹头改造项目。用于替换 W78 核弹头，提升陆基核弹头的安全性、可靠性和有效性，2022 年项目将进入工程开发阶段。

海基 W88 改进 370 核弹头项目。改进现役 W88 核弹头，延长弹头寿命的同时，进一步提升安全性和打击毁伤效果，2021 年开始交付，计划 2026 年前完成生产。

空基 B61-12 核航弹及 W80-4 核弹头延寿计划。B61-12 核航弹将整合并替换 B61-3/4/7/10（B61-10 已退役）四型核航弹，集战略与非战略核打击于一体，大幅提升打击精度，寿命延长至少 20 年，计划 2022 年 5 月开始全面生产，2026 年完成全部生产任务；W80-4 核弹头将替换 W80-1 核弹头，增强安全性和可靠性，计划 2025 年开始交付。

（2）推动核武器运载系统更新换代

研制“陆基战略威慑”洲际弹道导弹。目前项目处于工程与制造开发阶段，预计 2023 年年底进行首次飞行测试，2026 年开始进行低速初步生产，2029 年形成初始作战能力；新型洲际弹道导弹运载、突防能力更强，打击精度更高。

建造“哥伦比亚”级战略核潜艇。首艇于2020年开始全面建造，计划2027年完成建造，2031年服役，第二艘将在2024年开始全面建造；新型战略核潜艇的隐蔽性更好，生存能力进一步提升。

生产B-21战略轰炸机。目前有5架B-21原型机处于不同生产阶段，预计将于2022年首飞，2025年前后B-21轰炸机将形成初始作战能力；新型战略轰炸机可携带B61-12核航弹和AGM-181远程防区外空射巡航导弹，隐身突防能力更强，信息化水平更高。

研制AGM-181远程防区外空射巡航导弹。项目仍处于技术成熟与风险降低阶段，计划2022年进入工程制造与开发阶段，2027年完成全面生产准备；AGM-181将配装W80-4核弹头，由B-52H和B-21战略轰炸机携带。

(3) 发展非战略核武器装备

改造部分F-35A隐身战斗机，使之能够运载、投掷B61-12核航弹。2021年10月，F-35A战斗机完成核设计认证阶段的最终飞行测试，下一步将进行核操作认证。

3. 未来五年能力评估

未来五年，美军“三位一体”核力量规模基本保持不变，主战装备型号有所调整，核力量整体更加安全可靠有效，核打击手段更加丰富、灵活，核威慑能力进一步增强。

陆基核力量基本维持现状。武器装备规模基本维持不变，将继续通过现代化改进来保证陆基战略核威慑的安全可靠。

海基核力量进一步提升。武器装备规模基本维持不变，“三叉戟”-ⅡD5潜射弹道导弹配装W88改进370核弹头后，可进一步增强海基战略核威慑的有效性和核打击能力。

空基核力量灵活性和突防打击能力显著增强。B-2A和B-52H战略轰炸机规模基本保持不变，核弹头/核航弹型号将由 6 型精简为 4 型，新型 B-21 战略轰炸机开始初步形成作战能力。B61-12 核航弹可由多型战略轰炸机和战斗机携带，集战略与非战略核打击于一体，列装后将有效提高美空军核打击的灵活性。隐身突防能力更强的 B-21 战略轰炸机携带打击精度大幅提升的 B61-12 核航弹，具备对目标实施强穿透、高精度核打击的能力，使现有防空系统更加难以防御。

非战略核打击手段更加丰富、可靠。F-35A 战斗机具备核作战能力后，将进一步增加美非战略核打击选项；相比现役核常兼备 F-15E、F-16 等战斗机，F-35A 战斗机具备良好的隐身性能，可更加有效突破对手防空系统，更加可靠地执行非战略核打击任务。

（中核战略规划研究总院
袁永龙、孙晓飞、赵　松）

四、美国 2022 财年核力量建设预算分析

2021 年 5 月 28 日，拜登政府公布了 2022 财年国防预算申请。国防部和能源部/国家核军工管理局核力量建设预算总额 432 亿美元，较 2021 财年减少 13 亿美元，降幅 3%。其中，国防部核力量预算 277 亿美元，用于核武器运载系统及核指挥控制与通信系统的现代化、维护及运行，较 2021 财年减少 12 亿美元，主要原因是现役装备的运行维护费用大幅削减。能源部/国家核军工管理局核武器活动预算 155 亿美元，主要用于核武器维护与发展、核材料生产加工、先进技术研发和基础设施运行维护等，与 2021 财年基本持平。

1. 国防部继续重点推进 8 个核现代化项目

国防部 2022 财年核力量预算继续重点支持 8 个重大核现代化项目，经费总额 157 亿美元，较 2021 财年增长 10 亿美元，增幅 7%：

一是新一代“哥伦比亚”级弹道导弹核潜艇研发与建造 50 亿美元。该项目 2017 财年进入详细设计阶段，目前正进行首艇建造，将从 2030 财年起逐步替换现役“俄亥俄”级弹道导弹核潜艇。

二是新型 B-21 远程战略轰炸机研制 30 亿美元。B-21“突袭者”核常兼备，将采用成熟技术，以提供一型负担得起、突防能力强的远程轰炸机，首批两架 B-21 正在建造中。

三是核指挥、控制与通信（NC3）系统现代化 29 亿美元。NC3 通过一系列陆基、海基、空基和天基系统，在总统与核力量之间提供可靠和弹性的连接。国防部将优先对接近或超过预期寿命的 NC3 系统进行现代化，并构建下一代 NC3 能力，继续支持战略威慑。

四是“陆基战略威慑”（GBSD）项目研发 26 亿美元。GBSD 将替换“民兵”-Ⅲ陆基洲际弹道导弹的武器系统，包括新的导弹、指挥控制和地面系统，并从 21 世纪 20 年代末开始对“民兵”-Ⅲ的发射井等基础设施进行改造。GBSD 将维持陆基核力量的响应性和稳定性，增强安全性和可靠性。与“民兵”-Ⅲ相比，降低了寿期维护成本。该项目于 2020 财年进入“工程和制造开发”阶段，计划 2024 财年进行首次飞行试验。

五是“三叉戟”-Ⅱ D5 潜射弹道导弹延寿 16 亿美元。延寿计划（D5LE）延长了“三叉戟”-Ⅱ D5 潜射弹道导弹的使用寿命，使其能够继续部署在“俄亥俄”级和“哥伦比亚”级弹道导弹核潜艇上。经延寿改造的导弹 2017 财年开始服役，目前仍在继续生产。海军计划对“三叉戟”-Ⅱ D5 实施新一轮延寿计划（D5LE2），以确保导弹能够在“哥伦比亚”级核潜艇全寿期服役。D5LE2 项目 2022 财年启动，将采用高度可靠的固体火箭发动机设计以及现代化的航电和制导设备，2039 财年开始部署于第 9 艘“哥伦比亚”级核潜艇。

六是新一代远程防区外空射巡航导弹（LRSO）研发 6 亿美元。LRSO 将替代 1982 年开始服役的 AGM-86B 空射巡航导弹，能够从防区外发射，突破先进的综合防空系统，支持空军的核威慑核心任务。该项目目前处于“技术成熟和风险降低”阶段，并计划在 2021 财年进入“工程和制造开发”阶段。

七是 F-35 战斗机升级（升级携带核航弹）4000 万美元。F-35 核常兼备战斗机将取代 F-16 执行延伸威慑任务，计划 2024 财年取得核认证。

八是B61-12核航弹制导尾翼生产300万美元。B61-12整合B61-3、B61-4、B61-7、B61-10（已退役）四个型别核航弹，将部署在轰炸机和核常兼备战斗机上。空军负责B61-12制导尾翼研制，已于2021财年开始全速生产。

2. 国家核军工管理局并行开展4方面重点工作

国家核军工管理局2022财年核武器活动预算并行开展核弹头、核材料、先进技术、基础设施4个主要方面工作。

一是核武器维护与发展46亿美元。用于库存核武器维持、现代化、拆除以及新弹头研发等工作。将重点开展B61-12、W80-4、W88改进370、W87-1、W93等5型核航弹/核弹头现代化/研制计划。此外，为满足发展新型海基核巡航导弹的要求，国家核军工管理局申请1000万美元用于W80-4空基核巡航导弹弹头改用于海基核巡航导弹的可行性和方案设计研究。

二是核材料生产加工29亿美元。用于核武器用战略材料及钚弹芯生产等。将重点开展钚弹芯、氚材料、锂材料、高浓铀部件和高能炸药的生产加工，满足核武库需求。

三是核武器相关的先进技术研发27亿美元。为"基于科学"的核弹头库存决策和行动提供科学基础，重点开展先进模拟与计算、科学评价、惯性约束聚变、工程与综合评价、武器技术与制造等方面工作。

四是基础设施运行、维护及现代化36亿美元。用于现有设施的运行维护和新设施的建造。重点支持"铀加工装置""锂加工装置""化学与冶金研究替代项目" "UA1联合体增强项目"，替换现有老旧设施。

3. 小结

美国2022财年国防预算申请以拜登政府《国家安全战略临时指导方针》和国防部长备忘录确定的重点工作为指导，聚焦应对中国“步步紧逼的挑战”，寻求建立核武器装备性能一流、核军工能力完整配套的安全、可靠和有效的战略威慑力量。拜登承诺减少对核武器的依赖和过度开支，反对发展新型核武器和低当量核武器，但在其任内首份国防预算申请中，核力量建设经费维持高位，“三位一体”战略核力量现代化计划稳步推进，新型W93核弹头、海基核巡航导弹弹头等项目仍继续获得经费支持。美国防部官员表示，在新一轮核态势评估完成前，将继续推进当前的核力量现代化计划。后续进展值得关注。

（中核战略规划研究总院

宋　岳、王春芬）

五、美国新一代空基核力量建设取得突破性进展

当前美军空基核力量主要由多型核航弹/核弹头（B61-3/B61-4/B61-7/B61-11、B83、W80-1），以及 AGM-86B 空射巡航导弹、B-2A、B-52H 战略轰炸机和核常兼备 F-15E、F-16 战斗机等装备构成。空基核力量现代化的重点是提升突防打击能力和灵活性。B61-12 核航弹、W80-4 核弹头，以及 AGM-181 远程防区外空射巡航导弹、B-21 战略轰炸机和核常兼备 F-35A 战斗机等新型装备经过多年研发，取得突破性进展，新一代空基核力量体系开始逐步形成。

1. 新型核航弹/核弹头研制进展

(1) 首型制导核航弹 B61-12 完成首枚制造

2021 年 12 月，美国家核军工管理局宣布，经过九年多的设计、开发、认证和零部件生产过程，首枚 B61-12 核航弹已完成制造，经测试认证后，将于 2022 年 5 月启动批量生产，2026 年完成全部生产任务。预计生产约 480 枚。

B61-12 是美军首型制导核航弹，长约 3.6 米，重约 375 千克，爆炸当量可调（300 吨、1500 吨、10 000 吨和 50 000 吨），具备精度高、可钻地、与空中作战平台兼容性好等特点，将整合并替换现役 B61-3/B61-4/B61-7 三型核航弹。

1）打击精度大幅提升

B61-12 核航弹安装有一对稳定飞行姿态的自旋火箭发动机和精确制导尾翼组件，具备一定的滑翔能力，据估计圆概率误差可控制在 30 米，现役 B61 核航弹圆概率误差约为 110～170 米。

自旋火箭发动机安装在 B61-12 弹体中部，F-35 联合项目办公室 2021 年 10 月底公开的 F-35A 战斗机投掷 B61-12 的视频显示，B61-12 在滑翔下落过程中，自旋火箭发动机启动数秒，以保持弹体下落时的纵向稳定性，进而保证打击精度。**精确制导尾翼组件**由波音公司设计，通过机械结构与弹体装配在一起，尾翼组件设计中不包括 GPS 接收器，但可与战机进行数据传输，战机在投掷 B61-12 前将把预先编码好的目标位置数据和数据更新信息传输到尾翼组件。

2）具备钻地打击能力

桑迪亚国家实验室发布的 F-15E 战斗机投掷 B61-12 的视频显示，B61-12 在自旋火箭发动机的作用下旋转、加速下落，命中目标区域时完全穿透地面。美国科学家联盟据此分析，B61-12 核航弹相比其替代的 B61-3/B61-4/B61-7 三型核航弹，具备一定的钻地打击能力。

核武器在地下起爆能更加有效地摧毁地下目标。美国国家科学院关于“钻地武器和其他武器的作用效果”的研究发现，使用核武器摧毁地下目标时，在地下数米起爆造成的破坏力比在地面起爆放大 15～25 倍。美国科学家联盟据此估算，最大爆炸当量 5 万吨的 B61-12 在地下起爆时，对地下目标造成的最大破坏力与爆炸当量为 75 万吨～125 万吨的核弹在地面起爆的效果相当。

3）可由多型战机携带

B61-12 核航弹与空中作战平台的兼容性好，服役后计划配装 F-15E、F-35A、F-16 等多型核常兼备战斗机和 B-2A、B-21 战略轰炸机。B61-12 核航弹与不同空中作战平台的兼容性测试工作由桑迪亚国家实验室、洛斯阿拉莫斯国家实验室、国家核军工管理局和空军合作开展，F-15E 战斗机、B-2A 战略轰炸机和 F-35A 战斗机分别于 2020 年 3 月、7 月和 2021 年 10 月携带 B61-12 成功完成了全武器系统演示飞行测试，验证了与 B61-12 的兼容性。

（2）W80-4 核弹头测试工作取得重要进展

2021 年，劳伦斯利弗莫尔国家实验室首次对 W80-4 核弹头试验装置进行了地面综合环境测试，包括热力测试、冲击测试、振动测试等，确保弹头可经受住最极端环境的考验。W80-4 核弹头在现役 W80-1 核弹头基础上研发，使用新型钝感高能炸药，大量采用新型部件，增强了弹头的安全性和可靠性。目前，W80-4 仍处于设计开发阶段，计划 2025 年交付首枚，将由新型空射巡航导弹 AGM-181 装载。

2. 新一代空基核武器运载装备研制进展

（1）B-21 战略轰炸机原型机即将完成生产

2021 年 9 月，美空军部长弗兰克・肯德尔首次透露，B-21 战略轰炸机生产线上共有五架原型机处于不同生产阶段。结合此前美军披露的消息，其中两架可能已完成或接近完成总装。原型机预计 2022 年进行首次试验飞行。

B-21 战略轰炸机采用与 B-2A 战略轰炸机类似的飞翼气动布局，但尺寸更小，隐身突防能力更强，可携带常规武器和核武器。预计 20 年代中期开始交付空军，服役后将逐步替换 B-1 和 B-2A 战略轰炸机，与 B-52H 战略轰炸机共同构成美空军轰炸机部队的主力。美空军最初计划采购至少 100 架 B-21 战略轰炸机，但弗兰克・肯德尔近期表示，希望采购 145 架 B-21 战略轰炸机。

（2）F-35A 战斗机完成全武器系统演示飞行测试

F-35A 战斗机自 2019 年以来已携带 B61-12 进行过多次飞行测试，

演练在不同飞行速度和高度下投掷 B61-12，测试战机的机械、电子、通信及投弹系统与 B61-12 的兼容性。2021 年 10 月，美空军宣布两架携带 B61-12 测试弹的 F-35A 战斗机在托诺帕试验靶场成功进行了全武器系统演示，完成了核设计认证阶段的最终飞行测试，距离成为首型可携带核武器的第五代战斗机更进一步。

F-35A 战斗机采用了先进的气动设计和隐身设计，集成了先进的航电设备，具备良好的隐身性能和态势感知能力，在高威胁环境下的生存能力更强，可携带 2 枚 B61-12。此次全武器系统演示飞行测试验证了 F-35A 与 B61-12 的兼容性，美空军将此视为 F-35A 战斗机进行核能力改造的重大里程碑，空战司令部战略威慑与核一体化部门负责人丹尼尔·杰克逊中校称，“具备核能力将为 F-35A 战斗机带来全新的战略级别的能力和战略层面的影响”。

（3）AGM-181 远程防区外空射巡航导弹即将进入工程与制造开发阶段

2021 年 7 月，美空军宣布授予雷神公司 20 亿美元的合同，用于 AGM-181 远程防区外空射巡航导弹的工程制造与开发。工程制造与开发阶段将于 2022 年启动，预计一直持续到 2027 年，为导弹的全面生产做好准备。AGM-181 可配装常规弹头和 W80-4 核弹头，射程预计超过 2400 千米，将取代现役 AGM-86B 空射巡航导弹，由 B-52H 和 B-21 战略轰炸机携带。

3. 分析

美国“三位一体”核力量现代化进程中，空基核力量进展最快，多型核武器及运载装备研发取得突破性进展，新一代空基核力量体系开始逐步形成，空基核威慑和核打击能力将进一步增强，非战略核打击手段更加可靠。

(1) 突防打击能力显著增强

B61-12 核航弹是美空基核力量现代化的重要组成部分，美军将其视为保证空基核威慑的关键，服役后可配装多型先进战机。B-21 战略轰炸机、F-35A 战斗机相比现役 B-2A 战略轰炸机和 F-15E、F-16 等核常兼备战斗机，隐身突防能力更强，现有防空系统更加难以防御。B-21 战略轰炸机携带打击精度大幅提升和具备钻地打击能力的 B61-12 核航弹，可实施强穿透、高精度核打击。F-35A 战斗机作为首型具备核能力的五代机，与加油机、侦察机及常规战斗机等协同配合，可更加可靠地执行非战略核打击任务，显著增强美非战略核打击能力。

(2) 打击灵活性进一步提升

美现役 B61-3/-4 核航弹由核常兼备战斗机携带，执行非战略核打击任务，B61-7/B61-11 核航弹由战略轰炸机携带，执行战略核打击任务。B61-12 核航弹爆炸当量可调，可配装多型战略轰炸机和核常兼备战斗机，既能执行战略核打击任务，也能执行非战略核打击任务，可根据打击目标、作战场景和任务需求灵活运用，服役后将进一步提高美空基核力量的打击灵活性。

(3) 核武器使用门槛降低

B61-12 核航弹和核常兼备 F-35A 战斗机增强了美非战略核打击能力，可能使其在应对某些冲突或遭遇非核攻击时，更加实际地考虑使用非战略核武器发动一场有限核战争，以遏制冲突升级或取得战场优势。B61-12 核航弹打击精度的提升使得美军采用较低爆炸当量便可实现预期的核打击效果，满足军事需求，较低的爆炸当量带来的附带损伤较小，这将减少美军在使用核武器时的顾虑，降低核武器使用门槛，增加核战争爆发的风险。

(4) 未来可能抵近我周边部署

冷战时期，美国在亚太地区部署过大量非战略核武器，冷战结束后全部撤出，目前其空基非战略核武器主要部署在本土和部分欧洲国家。但随着美军不断加强在印太地区的军事投入，不排除未来将携带B61-12核航弹的F-35A等核常兼备战斗机部署到印太地区，甚至在朝鲜局势或台海局势紧张之际部署或转移到我周边区域的可能，在紧急情况下彰显核威慑，表达政治或军事意图。若美未来将携带B61-12核航弹的核常兼备战斗机部署在日韩等国的空军基地，如韩国乌山空军基地、群山空军基地或在日本冲绳的基地，将直接对我构成威胁。

（中核战略规划研究总院
袁永龙、李晓洁、赵　松）

六、美国核武器现代化进展及未来发展构想

2020 年 12 月，美国国家核军工管理局发布 2021 财年《库存管理计划》，进一步披露核武器现代化进展及未来发展构想，其中已完成项目 2 项，正在推进项目 4 项，未来发展构想 6 项。

1. 美国核武库基本情况及现代化概念

(1) 核武库基本情况

截至 2021 年 1 月，美国核弹头总数约 5550 枚，其中部署约 1800 枚（战略核弹头 1700 枚，非战略核弹头 100 枚），未部署约 2000 枚，退役待拆解约 1750 枚。现役武器头共 7 个型号、11 个型别，其中陆基 2 型号、2 型别（W78、W87-0），海基 2 型号、3 型别（W88、W76-1/2），空基 3 型号、6 型别（W80-1、B61-3/4/7/11、B83）。

(2) 现代化概念

美国库存核武器均为 20 世纪 80 年代或更早生产，平均寿龄超过 30 年。为确保暂停核试验条件下核武库的安全可靠有效，美国从 1995 年开始实施《库存管理计划》，采用三种方式对核武器进行现代化升级：

改进（Alt）：指有限范围内的改动，不改变作战能力；能够解决已知缺陷和部件过时问题。

延寿（LEP）：指通过替换老化部件进行翻新；延长使用寿命的同时提高安全性和安保性，并修复缺陷。

改造（Mod）：指改变作战能力的更加全面的现代化升级，可以提高安全裕量；替换有限寿命部件，并解决已知缺陷和部件过时问题。

2. 现代化进展及未来发展构想

（1）近年已完成的项目

W76-1 延寿。对 W76-0 进行翻新，将弹头使用寿命从最初设计的 20 年延长到 60 年，不改变作战任务和军事能力，已于 2018 年完成。

W76-2 改造。应 2018 年《核态势评估》报告“发展低当量潜射弹道导弹”的要求，对少量 W76-1 进行低当量改造，已于 2020 年完成。

（2）正在推进的项目

W88 改进 370。升级 W88 的解保、引信和点火系统以及常规高能炸药，增加避雷连接器，更换包括气体传输系统和中子发生器在内的有限寿命部件；计划 2021 年开始交付，2026 年完成生产；将继续部署于“三叉戟”-Ⅱ D5 潜射弹道导弹。

B61-12 延寿。整合并替换 B61-3/4/7/10 四个型别（B61-10 已于 2016 年退役），将继续使用 B61-4 的钚弹芯，并对核与非核部件进行复用、修复或替换；有 300 吨、5000 吨、10 000 吨、50 000 吨四种爆炸当量，集战略与非战略核打击任务于一体；计划 2021 年开始交付，2026 年完成生产；将由 B-2A 和 B-21 战略轰炸机以及 F-15E 和 F-35A 在内的多型战机携带。

W80-4 延寿。替换 W80-1，将按原有设计重新生产钝感高能炸药，广泛使用为其他核弹头延寿开发的非核组件；计划 2024 年开始交付，2031 年完成生产；将由新一代远程防区外空射核巡航导弹搭载。

W87-1 改造。替换 W78，核物理包和再入体的设计与 W87-0 相似，将采用新的铸造工艺重新生产钚弹芯，以钝感高能炸药换装常规高能炸药；计划 2030 年开始交付，2038 年完成生产；将部署于“陆基战略威慑”系统（新一代陆基洲际弹道导弹）。这是美国首个不经核试验鉴定、采用新工艺新生产钚弹芯并同时大幅改动主炸药和引爆控制系统的核弹头现代化项目。

（3）为未来设想的项目

海基巡航导弹弹头。2018 年《核态势评估》报告要求“重新开发现代化的、具备核能力的海射巡航导弹”。美国国家核军工管理局正与国防部合作开展海射巡航导弹弹头的方案论证工作，计划 2029 年开始生产。由于美现役仅空基 W80-1 一型巡航导弹弹头，因此海基巡航导弹弹头可能在 W80-1 及其延寿型号 W80-4 的基础上进行改进。

海基 W93。2020 年 2 月，美国国家核军工管理局首次提出 W93 项目。2021 财年《国防授权法案》批准拨款 5300 万美元用于该弹头研发。这是美国暂停核试验后，提出并研发的首个全新型号核弹头。此前，外界普遍猜测 W93 可能是现役海基 W76 或 W88 的替换型号。美国国家核军工管理局在 2020 年 5 月提交国会的文件中指出，W93 是一种新型核弹头，是对现有海基能力的补充。2021 财年《库存管理计划》也明确提出了 W76 和 W88 各自的现代化替换项目，再次表明 W93 不是对现有海基型号的替换，而是一种全新型号。

未来海基战略弹头。用于替换海基 W88。

潜射弹头。用于替换 W76-1/2。根据 2018 年《核态势评估》报告的要求，W76-2 低威力潜射弹道导弹弹头是一种为应对当前威胁的快速应急选项，长期而言美国将部署海射巡航导弹。因此尚不确定潜射弹头会否保留类似 W76-2 的低威力选项。

未来陆基战略弹头。用于替换陆基 W87。鉴于 W87-1 尚处于可行性研究阶段，2030 年才开始交付，因此陆基战略弹头很可能用于替换老化的 W87-0。

未来核航弹。B61-12 的后续型号，之前也被称为 B61-13。

关于这些项目，2021 财年《库存管理计划》明确表示，“这是为 21 世纪 30 至 40 年代规划的”。

3. 小结

1992 年暂停核试验和停止生产新核武器后，由于核武库中每种型号武器都经过核试验验证，在一个时期内，美国核武器延寿及维持有效性的途径主要是更换有限寿命部件；后随着核武器技术发展，为确保核武器安全安保可靠，提高作战性能，美国敢于更换主炸药及引爆控制系统、采用超级引信等；下一步计划不经核试验鉴定，采用新工艺新生产钚弹芯；未来更是考虑研制新型号。这表明美国依赖高科学置信度数值模拟、实验室精密试验、次临界实验等手段发展核武器的技术能力正不断提高。

（中核战略规划研究总院

宋　岳、王春芬）

七、美国钚弹芯能力建设计划面临挑战

2021 年 6 月 11 日，美国国家核军工管理局副局长查尔斯·韦尔登称，萨凡纳河钚加工装置（SRPPF）的钚弹芯生产较计划推迟 5 年，即该设施在 2030 年前达到每年 50 枚钚弹芯的生产要求无法实现，将导致美国无法实现在 2030 年前完成每年至少生产 80 枚钚弹芯的目标。

1. 钚弹芯能力建设的有关背景

钚弹芯是引爆核武器的核心部件。冷战后，由于不需要继续维持庞大规模的核武库，美国能源部决定暂停钚弹芯生产，于 1989 年 12 月关闭了唯一的钚弹芯生产设施——洛基弗拉茨工厂，此后只有洛斯阿拉莫斯国家实验室 PF-4 设施拥有钚弹芯生产能力。目前美国大部分核武器库存用钚弹芯生产于 1978—1989 年。

1996 年能源部决定启用洛斯阿拉莫斯国家实验室 PF-4 设施开始钚弹芯的再生产。该设施是美国用于钚科学研究和钚化学与冶金开发的试验设施，也是美国目前唯一的钚弹芯生产设施。洛斯阿拉莫斯国家实验室曾对该设施进行现代化升级，2003 年制造出恢复生产以来首个钚弹芯，2007 年交付首个可用于替换 W88 弹头的钚弹芯。但 PF-4 设施生产能力有限，每年仅能生产几个钚弹芯。出于安全考虑，PF-4 设施曾于 2013 年暂停钚弹芯生产，2017 年恢复生产。

2018 年特朗普政府提出 80 枚/年的钚弹芯生产目标，随后国家核军工管理局提出了“双场址”战略方案，以洛斯阿拉莫斯和萨凡纳河两个场址为主，进行钚弹芯的生产工作。2021 年，国家核军工管理局先后确定了两个场址生产项目的方案和成本。

2. 钚弹芯生产能力现状

目前，国家核军工管理局正在提升钚弹芯的生产能力，通过对洛斯阿拉莫斯国家实验室 PF-4 设施和萨凡纳河混合氧化物（MOX）燃料制造设施进行现代化升级、用途调整，以达到钚弹芯的生产目标。

（1）PF-4 设施

PF-4 设施以原有的钚装置为基础，拆除部分旧设备，安装新的钚弹芯生产设备和相关配套设备，以开展组装、拆解/金属准备、机械加工以及铸造等工作。

截至 2021 年 5 月，洛斯阿拉莫斯国家实验室正在进行相关标准的制定，并对基础设施进行升级，包括升级钚手套箱、增强地震防护能力、安装新的电力和通风系统，以及设计新的消防设施。实验室计划 2023 年生产首个武器用钚弹芯，2028 财年全面建成运行，预计运行寿命 50 年。

（2）萨凡纳河钚加工装置

萨凡纳河 MOX 燃料制造设施始建于 2007 年，原计划用于处置美俄协议冗余的军用钚。2018 年，能源部宣布将该设施改造用于钚弹芯生产，以充分利用现有资产，同时降低成本。

萨凡纳河钚加工装置将在 MOX 燃料制造设施的基础上进行改造，以开展分析化学、材料表征、组装等活动。改造工作包括拆除原先用于制造 MOX 燃料的设备和公共设施，安装钚弹芯生产和加工设备与配套设施等。该设施将在 2026 年年底至 2031 年年底开始运行，预计运行寿命 50 年。

3. 钚弹芯计划面临的主要挑战

（1）重建钚弹芯的预估成本大幅上升遭到质疑

据能源部 2021 年最新估算，洛斯阿拉莫斯钚弹芯生产项目的 CD-1 成本为 27 亿～39 亿美元，萨凡纳河钚弹芯生产项目的 CD-1 成本为 69 亿～111 亿美元。两项成本相较 2020 年估算的 22.6 亿美元和 45.9 亿美元均有增加，特别是萨凡纳河项目的预估成本几乎为之前估算值的 2.5 倍。成本的大幅上升遭到美国国内对能源部维持核弹头数量、配套基础设施以及美国对该二者进行现代化升级能力的质疑。

此外，尽管美国《2022 财年预算申请》披露萨凡纳河钚弹芯生产项目的总预算为 111 亿美元，但就其公用设施、现场和基础设施等子项目的预算明细未进行披露，仅标注为“TBD（待定）”，此举进一步加深外界对该项目成本构成的猜测。

（2）管理运行问题影响生产进度

洛斯阿拉莫斯国家实验室 PF-4 设施设计于 1970 年，建造年代久远，存在一定安全隐患，且易遭受自然灾害的影响。运行管理方面，洛斯阿拉莫斯国家实验室存在钚违规储存、安全人员缺乏等问题，还发生过后处理设施临界事故、材料运输方式违规、钚弹芯滞留、放射性泄漏等问题。据能源部核设施风险评估报告，该实验室在 2005—2016 年期间收到 40 余项未经公布、针对钚违规操作问题的报告，加剧了外界对实验室安全的担忧。

生产任务方面，PF-4 设施不仅负责制造钚弹芯，也支持多项其他钚相关任务，包括生产用于深空探测和国防的钚-238、将钚弹芯中的钚金属转换为二氧化钚用于制造 MOX 燃料、对已部署的钚弹芯实施检测以及开展钚元素的研发活动等，生产任务繁重加剧了钚弹芯生产进度滞后。

4. 环境政策法合规性引发担忧

尽管国家核军工管理局2020年发布钚弹芯生产的环境影响报告及其补充文件，但是美国国内有关机构对上述文件的充分性提出了严重质疑。2021年2月，美国国家环境保护局称洛斯阿拉莫斯国家实验室在清理有害遗留核废物方面存在“持续性的延期和不合规”等问题，对周边社区居民造成健康风险。对此，国家核军工管理局回应称，根据《国家环境政策法》对钚弹芯生产的审查已经完成，并表示目前不再计划对钚弹芯生产的环境问题进行重新审查。此举引发外界担忧。

5. 小结

近年来，美国积极推行大国竞争战略，不断强化核武库建设，特别是全力扩大钚弹芯的生产能力。然而核军工基础设施建设成本高昂，重建钚弹芯的预估成本大幅上升，加之美国在实验室管理运行以及环境政策法合规性方面存在的问题，对其钚弹芯生产进程均造成不利影响。而钚弹芯能力建设延迟，或可能影响W87-1弹头研制等核弹头发展计划，进而拖慢美国核力量现代化的进程。

（中核战略规划研究总院
李晓洁、赵　松、赵　畅）

八、美国近十年军用氚生产费用

军用氚是战略核力量建设的关键核材料。美国持续生产军用氚，旨在保障其核力量持续安全、可靠和有效，支持到 21 世纪 30 年代以及未来的核威慑能力。

1. 美国利用核电反应堆生产军用氚

军用氚可以提高氢弹弹头初级当量，是美国目前唯一正在生产的军用核材料。氚在自然界中的含量极低，必须由人工制备。冷战时期，美国使用重水堆产氚。1988 年重水堆停止运行，美国失去产氚能力。1998 年美国评估了加速器产氚、新建反应堆产氚和利用现有反应堆产氚三种方案，认为利用现有反应堆产氚经济性最好。为了满足长远需求，从 2003 年至今，美国一直利用田纳西河流域管理局（TVA）“瓦茨巴”核电反应堆产氚。

核电反应堆产氚涉及以下五个环节：一是靶件设计，由能源部西北太平洋国家实验室负责；二是靶件制造，由西屋电气公司负责；三是靶件辐照，在 TVA 核电反应堆进行，辐照周期为 18 个月，靶中的锂-6 吸收中子后生成氚；四是靶件运输，由核设备公司 NAC 负责将靶件运至萨凡纳河工厂；五是靶件提取，在萨凡纳河工厂氚提取装置进行提取，纯化后得到符合核武器使用要求的纯净氚。

2015 年美国核武器委员会对未来军用氚需求进行评估，认为需要在 2025 年前将产氚能力提高到每个辐照周期（18 个月）生产 2.8 千克氚。2018 年《核态势评估》报告提出，需要确保反应堆辐照靶件产氚能力，生产足够数量的氚，满足军事需求。为此，美国决定一方面逐步提高“瓦茨巴”1 号机组的辐照靶件数量，2020 年春季的辐照数量达到最大额定值，是提升产量之前的 2.5 倍；另一方面，2020 年秋季启用“瓦茨巴”2 号机组，逐步提高辐照靶件数量，预计第二个辐照周期的辐照数量是第一个周期的 1.6 倍。

2. 近十年军用氚生产费用估算

美国生产军用氚的经费全部出自能源部下属的国家核军工管理局。国家核军工管理局专设子项“氚现代化计划”，经费涵盖军用氚生产所有流程（即上述五个环节）。近年来，美国不断研发相关技术，持续升级改造氚生产设施，产氚经费不断上涨，2011—2020 年总计拨款 12.61 亿美元（见表 1）。

表 1　近十年国家核军工管理局产氚经费统计

（单位：亿美元）

财年	2011	2012	2013	2014	2015	2016	2017	2018	2019	2020	总计
拨款	0.30	0.63	0.65	0.80	1.40	1.05	1.10	1.09	2.90	2.69	12.61

2017 年，能源部西北太平洋国家实验室公布了每根靶件氚产量的详细数据。2011—2017 年，美国共生产了 2309 克氚。根据数据粗略估计，平均每根靶件的氚产量为 0.937 克。据此推算，2011—2020 年这十年中，美国共生产约 4828 克氚，那么生产 1 克氚的运行成本至少为 26 万美元。表 2 为近十年美国军用氚生产情况。

表 2　近十年美国军用氚生产详细情况

燃料循环/次	时间	反应堆	靶件数量/根	平均氚产量/（克/根）
11	2011 年春季—2012 年秋季	“瓦茨巴”1 号机组	544	0.893
12	2012 年秋季—2014 年春季	“瓦茨巴”1 号机组	544	0.966
13	2014 年春季—2015 年秋季	“瓦茨巴”1 号机组	704	0.980
14	2015 年秋季—2017 年春季	“瓦茨巴”1 号机组	704	0.864
15	2017 年春季—2018 年秋季	“瓦茨巴”1 号机组	1104	未公布数据
16	2018 年秋季—2020 年春季	“瓦茨巴”1 号机组	1584	未公布数据

美国使用核电反应堆产氚，除了运行成本外，还有最初设计和建造氚提取装置的费用。2006 年，氚提取装置建成，费用为 5.06 亿美元，设计使用寿命为 40 年。将氚提取装置的费用平摊至每年为 126.5 万美元，那么 1 克氚平均成本至少为 28.7 万美元。

3. 小结

事实证明，利用现有核电反应堆生产军用氚，最为高效经济、影响最小，验证了美国当年的评估结果。相比于重水堆/高温气冷堆产氚、加速器产氚等技术路线，核电反应堆产氚是 20 世纪 80 年代后逐步发展起来的新型产氚工艺，技术先进，投资较少。新建一座重水产氚堆或高温气冷堆大约需要 55 亿美元，新建一台加速器大约需要 39 亿美元，而利用现有核电反应堆产氚无需耗费巨资新建设施，稍加改动，就能产氚；若需扩大氚生产量，新增一座核电反应堆即可。相比传统产氚方式，核电反应堆产氚灵活性高，成本较低。

（中核战略规划研究总院
高寒雨、李晓洁、袁永龙）

九、美国提高锂-6 处理能力的新措施

锂-6 与氘合成的氘化锂-6 是氢弹必不可少的核心装料。此外，锂-6 还是生产氚的关键原料之一，而氚是增强裂变弹的重要装料。自 20 世纪 40 年代以来，美国国家核军工管理局的 Y-12 综合体负责对核武器部件的锂进行处理。随着设施和设备的不断老化，美国存在锂供应不足的风险，为满足美国未来锂需求，核军工管理局计划新建锂处理设施（LPF）。2021 年 8 月，美国政府审计署（GAO）发布了题为“提高核军工管理局锂活动管理能力”的报告，内容涉及锂生产计划和项目进度，评估了 LPF 项目当前的成本、进度及设计进展等情况。

1. 美国锂生产历史及现状

浓缩天然锂生产锂-6。自 20 世纪 40 年代以来，田纳西州橡树岭的 Y-12 综合体一直负责生产美国核武库所需的锂。1954 年到 1963 年间，Y-12 通过浓缩天然锂来生产锂-6。

退役武器中回收锂-6。由于浓缩过程中使用了大量的有毒金属汞，因此 1963 年以后美国便不再进行天然锂的浓缩，而是从退役、拆卸的武器中回收锂，对其进行处理后重新用于核武器中。

退役武器中回收锂-6 的工艺流程。回收锂的过程中，核军工管理局首先使用一种物理清洗方法（即直接材料制造，DMM）对其进行处理，该

方法主要通过打磨锂以去除表面杂质。但由于 DMM 法回收的锂不能满足武器使用要求，国家核军工管理局在原本 DMM 法的基础上，采用湿法化学工艺对回收的锂进行化学净化，该工艺过程中锂先转化成氯化锂，随后转化为可用于武器的氢化锂或氘化锂。图 1 为美国国家核军工管理局锂生产工艺流程。

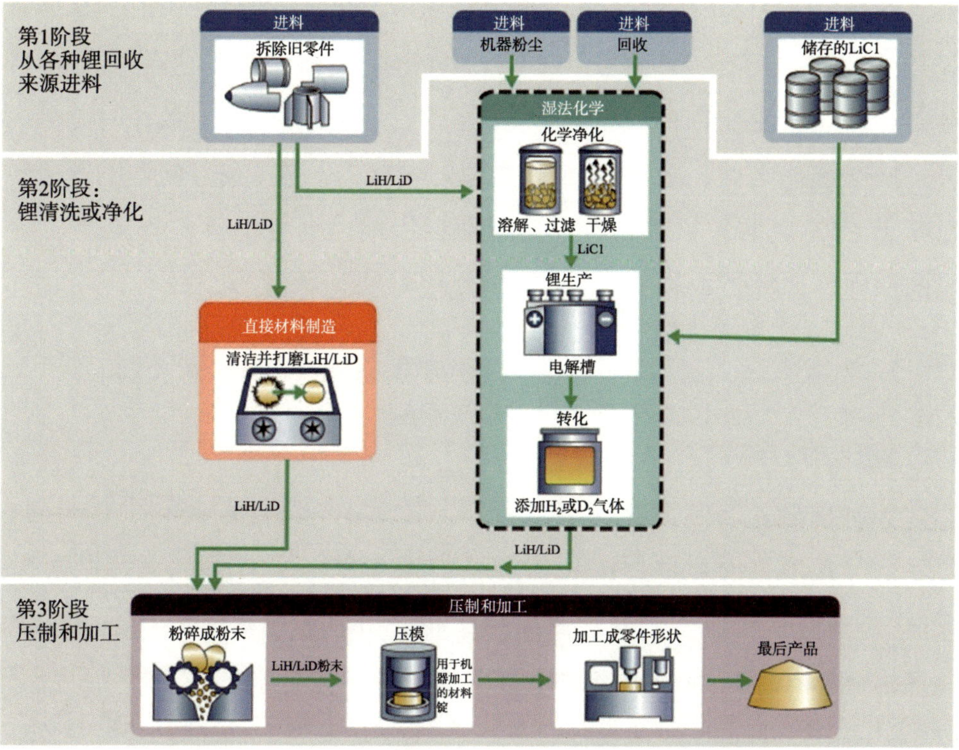

图 1　美国国家核军工管理局锂生产工艺流程

注：2013 年 5 月，Y-12 国家安全综合体暂停使用湿法化学工艺净化锂。NNSA 计划 2022 年在多个设施中小规模重建湿法化学能力。

由于设施老化，暂停湿法化学工艺。由于使用湿法化学的锂生产设施已有近 80 年的历史，老化严重，设施所在建筑的屋顶、墙壁和天花板因暴露于腐蚀性液体和湿法化学工艺产生的加工烟气中，其混凝土内部和外部都发生了老化，并且其服役时间远远超过了预期寿命。

核军工管理局在 2013 年 5 月决定暂停在 Y-12 的湿法化学工艺。自那时以来，Y-12 一直仅利用 DMM 法对拆卸武器中的锂进行物理清洁。

计划新建锂处理设施（LPF）。 由于 DMM 生产的锂含有杂质，在没有湿法化学工艺对锂纯度进行进一步提升的情况下，无法将现有的氯化锂库存转化为可用于翻新武器的锂。核军工管理局在分析了几种替代方案后，于 2017 年 5 月，决定在 Y-12 修建一座新的锂处理设施（LPF），重启湿法化学工艺，并在 LPF 中配备锂生产工艺基础设施和设备，预计新设施将在 2030 年开始运营。

LPF 建成之前，重建小规模湿法化学能力。 在能够将锂生产转移到新建 LPF 之前，核军工管理局必须在短期内继续提供符合武器使用规范的锂，因此需要在 Y-12 重建小规模湿法化学能力。

2. 当前核军工管理局锂生产设施情况及 LPF 建造计划

Y-12 综合体的 9204-2 号和 9202 号建筑是核军工管理局的锂-6 生产设施所在地，这两个建筑始建于 20 世纪 40 年代曼哈顿计划期间。9204-2 号建筑内有悬浮湿法化学工艺和锂压制加工设备（建筑照片见图 2）。9202 号建筑生产的锂主要用于相关科研，建筑中包含 DMM 锂部件清洗站和小规模湿法化学工艺净化设备。

内部视图

顶视图

图 2　Y-12 国家安全综合体中用于锂处理的 9204-2 号建筑

注：内部视图显示了 2014 年 3 月建筑物天花板上 300 磅重的混凝土板坍塌。

截至2021年3月，核军工管理局官员表示已基本完成LPF设施的选址，Y-12生物综合体（Biology Complex）的拆除工作。该场址将于2022年6月移交给核军工管理局进行LPF建造准备。

根据核军工管理局文件，核军工管理局计划在2025年11月批准并确定其成本和进度基线（CD-2）。此外，核军工管理局还计划届时开始建造LPF（CD-3）。然而，2031年9月之前可能不会批准其开始运营（CD-4）。在获准开始运营后，核军工管理局估计还需要3年左右来完成该设施的资质认证。表3为截至2021年3月LPF的项目里程碑节点。

表3　截至2021年3月锂处理设施（LPF）的项目里程碑（包括关键决策）

项目里程碑	实际/预计开始时间	预计完成时间
生物综合体拆除并移交给核军工管理局	2018年10月	2022年6月
新建LPF设施中的工艺和设备具备相应的技术成熟度	2020年2月	2023年12月
批准性能基线（CD-2）和开工（CD-3）	—	2025年11月
长周期物项采购和场地准备（CD-3）	2023年9月	2025年11月
LPF施工	2025年11月	2027年9月
批准开始运营（CD-4）	—	2028年5月至2031年9月
LPF资质认证	—	2031年10月至2034年9月

注：CD-2、CD-3、CD-4是美国能源部（DOE）项目管理过程中的关键里程碑节点。CD-2是指获得上级对项目方案中提到的性能指标的批准，CD-3是指获得开工建设批准，CD-4是指批准项目完成或设施开始运行。由于项目是持续进行的，所以某些节点没有官方的起始时间。

2020年5月，核军工管理局决定采用一种新的技术，也就是均质化技术来改进锂清洁和净化阶段的转化步骤，即使用更高温度的反应炉来消除压制和加工锂材料的影响，以减少（但不能完全排除）湿法化学工艺流程。利用新技术，核军工管理局可以使用DMM多次清洁锂材料，不仅能够减少电解槽使用环节中有害氯气的排放，还可以提高锂生产工艺的效率，因为使用 DMM 处理锂材料比湿法化学工艺处理锂材料花费的时间更少。新技术流程如图 3 所示。

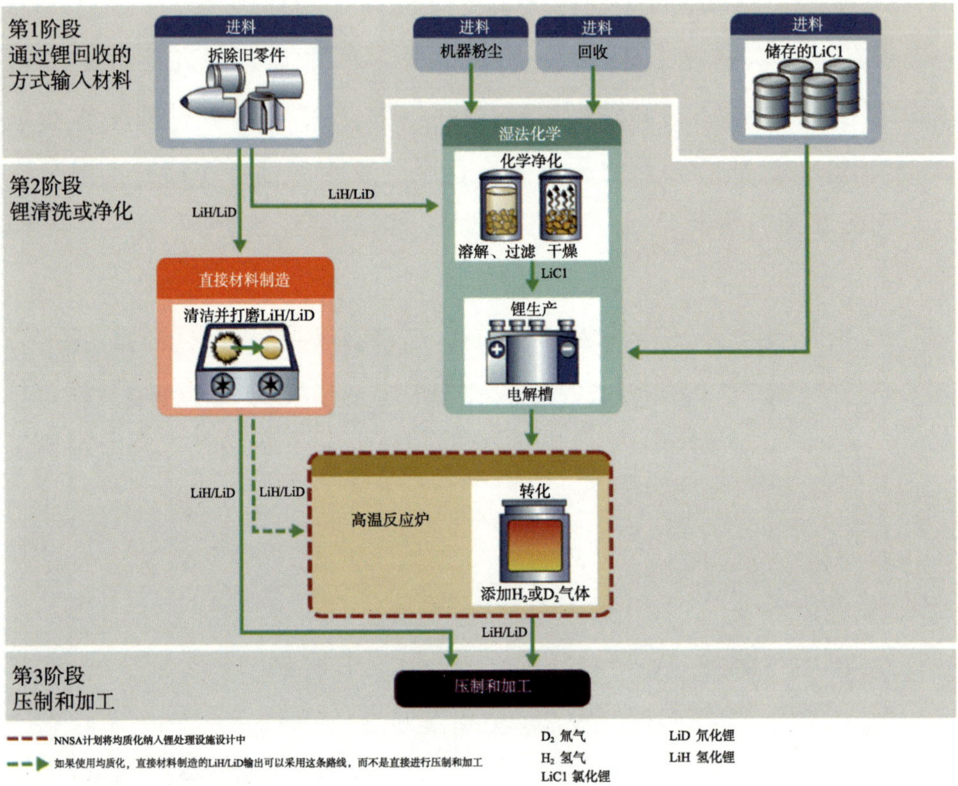

资料来源：GAO改编的NNSA图表，| GAO-21-244

图 3　将均质化技术纳入锂处理设施（LPF）设计的锂生产新工艺

注：压制和加工阶段还包括将锂材料粉碎成粉末的步骤。

在 2022 年之前，为满足锂需求增长，核军工管理局主要依赖于在 9204-2 和 9202 号建筑中小规模重建其湿法化学能力。在 LPF 项目获得 CD-2 批准之前，核军工管理局必须将均质化技术提升至 7 级成熟度，目前计划在 2024 年 5 月至 2025 年 11 月之间完成。根据 2020 年 4 月的评估结果，核军工管理局确定均质化技术的技术成熟度已经达到 6 级。

3. 小结

锂-6 是氢弹、原子弹的关键原料。为满足美国现阶段及未来武器部件翻新对锂-6 的需求，核军工管理局采取了一系列措施，研发匀质化技术、重建小规模湿法化学工艺以及新建 LPF 设施等。美国的一系列做法彰显了其核武器现代化的决心，值得高度关注。

（中国原子能科学研究院
侯梦洁）

十、俄罗斯核力量发展动向

俄罗斯与美国是世界上两个超级核武器国家，均部署“三位一体”战略核力量体系并拥有多型战术核武器。长期以来，俄将核力量作为对抗美国和北约的坚实底牌，积极推进核力量建设，并高度重视核威慑与核力量实战化能力。

1. 核武器部署与库存现状

截至 2021 年年底，俄罗斯现役战略与战术核武器共 4477 枚，其中 1588 枚战略核武器部署在陆海空核运载平台上，其余 977 枚战略核武器与 1912 枚非战略核武器处于库存状态。此外，俄罗斯保有约 1500 枚退役待拆解的核武器。

2. 陆海空运载能力更新换代进展

近年来，俄罗斯大力推进战略核力量更新换代，加快新型装备列装部署，2021 年年底，现代化的武器装备在俄罗斯“三位一体”核力量中的占比近 90%。

陆基弹道导弹在核力量体系中占比最大，具备威慑美国和北约全境的核威慑打击能力。俄火箭兵部队部署了 306 枚固定井或公路机动发射的洲际弹道导弹，可配装 1185 枚核弹头。最新型的“亚尔斯”导弹占比近60%，射程达11 000千米，具备较强的机动生存能力和变轨突防能力，可以携带4枚当量为10万吨的核弹头，经改装后，最多可携带8～10枚。“萨尔马特”洲际弹道导弹地面研制工作已接近尾声，飞行试验已于2021年开始，将于2022年结束，战略导弹部队计划从2022年开始列装该导弹。

海基新型弹道导弹核潜艇数量增加，海基核威慑打击能力提升明显，具备全球隐蔽核反击能力。现役两个级别共计10艘弹道导弹核潜艇：5艘新一代的“北风之神”级（其中两艘为最新型“北风之神”A改进版），每艘搭载16枚“布拉瓦”潜射弹道导弹，每枚导弹可携带6个核弹头；5艘“德尔塔”Ⅳ级，每艘可搭载16枚“蓝天”潜射弹道导弹，每枚导弹可携带4个核弹头。两型导弹射程均超8000千米，突防能力强，共可配装弹头当量为10万吨的弹头800枚。

空基运载装备升级改造顺利，具备全球核轰炸能力。现有两种共计68架具有核能力的重型轰炸机：13架图-160系列和55架图-95MS系列，能运载580枚核空射巡航导弹。轰炸机大多处于巡逻、训练等活跃状态，通过空中加油，具备全球核打击能力。已经恢复战略轰炸机制造能力，正在研制新一代PAK-DA隐身战略轰炸机。俄罗斯已开始制造PAK-DA的原型机，计划制造3架，2023年公布“展示模型”，2025年4月开始初步评估和测试，当年秋季完成首航。预计于2027年或2028年开始批量生产。

3. 新一代陆基弹道导弹研制动向

2021年3月俄媒体称，俄罗斯国防工业相关企业已开启新一代陆基洲际弹道导弹——“雪松”的立项工作，该新型导弹的测试、研制工作将于2023—2024年启动，未来将取代俄罗斯现役的“白杨”（RS-12）和“亚尔斯”（RS-24）系列导弹。

据悉，“雪松”导弹由俄罗斯莫斯科热力工程研究所负责研发，预计将采用先进固体燃料、新型结构材料等，增加导弹推力和载荷；可通过固定发射井和公路机动两种方式发射，灵活搭配提升生存能力；可能采用模块化设计，运载“先锋”高超声速弹头，提升强突防能力；导弹的预警发射指挥控制系统中可能添加人工智能技术，加快辅助决策速度，提升整体系统的可靠性。

“雪松”洲际弹道导弹项目可能是俄罗斯当前战略核力量现代化计划的最后阶段，预计最早于 2030 年完成。完成后，“雪松”导弹将与 2022 年年底开始列装的“萨尔玛特”重型导弹构成俄罗斯陆基战略核力量的新支柱。

（中核战略规划研究总院

张　莉、赵　松）

十一、英国宣称增加核武器数量

2021 年 3 月 16 日，英国首相向议会提交《竞争时代的全球化英国：安全、国防、发展与外交政策综合评估》报告（下文简称《报告》），从科学技术、国际秩序、国防安全、发展韧性四方面，综合评估英国的安全、国防、发展和外交政策，勾画 2030 年前的发展愿景。《报告》提出将库存核武器上限从 180 枚提高至 260 枚，与国际核裁军趋势背离，严重违反《不扩散核武器条约》。

1. 基本情况

(1) 英国核力量历史演进

英国于 1952 年进行了首次核试验。冷战时期，发展了多种战略和非战略核武器，共生产约 1200 枚核弹头，库存核弹头最多时达到 500 枚（1973—1981 年）。此后，英国认为来自苏联/俄罗斯的威胁降低，开始单方面逐步削减核武库。

英国奉行“最低限度威慑”核战略，核力量纳入北约整体防御架构。除自主掌握的所谓“最低限度”核威慑力量，还受到美国和北约提供的全面核威慑保护。英国坚持首先使用核武器政策，核武器运用保持模糊性，即以核打击条件的模糊性应对安全威胁的不确定性。

英国的核力量发展高度依赖美国，与美国先后签署《共同防御协议》和《拿骚协议》，1962 年后的核试验均在美国内华达试验场进行，从美国购买“北极星”和“三叉戟”潜射弹道导弹。

英国于 1995 年宣布停止生产武器用高浓铀和钚。最新数据显示，英国拥有 22.6 吨库存高浓铀和 3.2 吨军用钚。

随着国际局势缓和，英国于 1998 年宣布取消空基战略核力量，仅保留海基，作战部署的核弹头不多于 200 枚。英国 2010 年版《战略防务与安全评估》报告提出，到 21 世纪 20 年代中期，将库存核武器数量从不超过 225 枚削减至不超过 180 枚；实战部署的核武器数量从不超过 160 枚削减至不超过 120 枚。

(2) 英国现役核力量与 2030 年展望

《报告》宣称，英国目前和未来将继续维持“最低限度、有保证和可信的核威慑”；对在何时、以何种方式，以及在多大规模上使用核武器保持模糊；到 2030 年将库存核武器上限提高至 260 枚，并不再公开具体部署数量。

最新数据显示，英国目前库存核弹头 195 枚，现役仅“霍尔布鲁克”一型，威力约 10 万吨 TNT 当量，其设计类似美国现役海基 W76 核弹头。英国正在美国帮助下实施核弹头延寿和能力维持计划，研制 Mk4A 再入飞行器替代现役 Mk4，其中的引信、解保和点火子系统由英美共同设计并在美国制造，已于 2020 年开始服役。在新一代核弹头的研制过程中将与美开展密切合作，目前拟采用美国新型 W93 核弹头的相关设计。

英国现役 4 艘“前卫”级战略核潜艇，均为 20 世纪 90 年代服役，每艘可携带 16 枚从美国购买的“三叉戟”-Ⅱ D5 潜射弹道导弹。2016 年，英国议会批准新一代“无畏”级战略核潜艇的研发计划，拟建造 4 艘。“无畏”级排水量 17 000 吨，使用 PWR-3 型压水堆，艇体采用渐平式单一曲率设计，采用泵喷推进技术和 X 型尾翼，搭载 12 枚“三叉戟”-Ⅱ D5潜射弹道导弹或其延寿型号，研制总经费310亿英镑。新一代战略核潜艇将在21世纪30年代初服役。《报告》指出，英国将在未来4年额外增加240亿英镑国防开支，用于推动核力量在内的军事现代化。

2. 英国增加核武器数量的动因分析

《报告》未解释增加核武器数量的具体原因，仅称“不断演变的安全环境，包括不断发展的技术和理论威胁”使英国无法延续冷战以来削减核武库的做法。据分析，其目的如下。

(1) 重塑“大国形象”

英国核武库规模在五核国中居于末位，且长期以来与美国的紧密关系和欧盟成员国身份定义了英国的世界地位。脱欧后，英国希望扮演新的全球角色，增强核威慑是其重塑“大国形象”的重要举措。

(2) 应对“俄罗斯威胁”

《报告》将俄罗斯定义为“最严重的直接威胁”。近年来，美、英等西方国家不断指责俄罗斯奉行“以升级促降级”核战略（前述“理论威胁”），即以威胁有限使用战术核武器迫使北约国家放弃与俄罗斯的常规冲突；此外，英国国防大臣本华莱士在《报告》发布后公开表示，英国增加核武器数量与俄罗斯增强导弹防御有关。上述原因可能促使英国重新评估其核武库规模能否满足最低限度核威慑的要求。

(3) 防范“中国挑战”

《报告》声称，中国的军事现代化和日益增长的自信将对英国利益构成“越来越大的威胁”，对英国繁荣和价值观构成“系统性挑战”。为此，英国将对印太地区采取重大且长期的倾斜政策，即“印太倾斜”政策。增加核武器数量亦有应对“中国崛起”的准备。

3. 影响分析

(1) 颠覆英在核裁军领域的国际形象

《不扩散核武器条约》1970 年生效至今，已有包括 5 个核武器国家在内的 191 个缔约国，是全球核不扩散制度的基石。条约在承认美、俄、英、法、中五个核武器国家拥核合法地位的同时，还在第六条中明确规定了五核国的核裁军义务，即“每个缔约国承诺就及早停止核军备竞赛和核裁军方面的有效措施，以及就一项在严格和有效国际监督下的全面彻底核裁军条约，真诚进行谈判”。英国一向自诩其单方面削减核武器是对条约第六条的突出贡献，是在履行《核不扩散条约》规定的法律责任。此次公开宣布扩大核武库规模的做法完全颠覆了英国在核裁军领域的国际形象，严重违背《不扩散核武器条约》法律规定。

(2) 可能引发英俄关系进一步恶化

英国扩大核武库矛头直接指向俄罗斯，可能引发英俄关系进一步恶化，加剧俄罗斯与欧洲西方势力业已复杂深刻的矛盾，导致该地区不稳定局势的进一步动荡。

(3) 向无核武器国家传递错误信息

英国公开提高核武库上限的做法逆转了国际社会自冷战结束后对削减核武器的普遍共识，可能导致相关核武器国家的连锁反应，增加了无核武器国家退出现行核不扩散机制、寻求发展核武器的动因和借口。

(4) 或使印太地区安全形势更趋复杂

英国核武器自发展之日起，即以苏联/俄罗斯为主要威慑目标。但随着英国战略重心向印太地区倾斜，其核力量也将在该地区发挥重要的威慑作用，不排除此次增加的 80 枚核武器中有部分意在针对中国，值得我高度警惕。

（中核战略规划研究总院
宋　岳、王春芬、李晓洁）

十二、印度核力量未来五年发展分析

印度是事实核武器国家，在大国梦想驱动下，以“中国威胁”为借口，经过数十年的努力，特别是近年来的加快发展，初步形成了陆海空“三位一体”核力量体系。未来五年，印度重点将加紧新型核运载工具的研制与部署，以期构建较为完备的“三位一体”核打击体系。

1. 核力量现状与能力

2027 年，印度将建成由 9 型约 135 件核运载装备，以及约 155 枚核弹头构成的“三位一体”主战装备体系，初步具备对周边目标实施“三位一体”核打击的能力。

陆基弹道导弹是核力量的支柱，具备威慑周边地区的核打击能力。 主要有 30 枚“大地”-2、20 枚“烈火”-1 近程弹道导弹；12 枚“烈火”-2 中近程弹道导弹；8 枚“烈火”-3 中程弹道导弹。导弹最远射程 3200 千米，可对周边国家的大部分地区形成一定核威慑能力，其中“烈火”-3 具有固定和公路、铁路机动等多种发射方式。

首艘弹道导弹核潜艇完成威慑巡航，初步具备海基核打击能力。 主要有 1 艘“歼敌者”级弹道导弹核潜艇，该艇配装 12 枚携带核弹头的 K-15 潜射弹道导弹，导弹射程 700 千米，仅具备非常有限的海基核打击能力。

空基运载装备依赖进口，具备有限的中近程空基核轰炸能力。主要有进口的“幻影”2000H/I 和“美洲豹”IS/IB 战斗轰炸机 48 架，航程分别为 1850 千米和 1600 千米，每架飞机挂载 1 枚核航弹，可对无防空设施的中近程目标实施核轰炸。

2. 未来五年建设发展重点

按照“可信的最低限度核威慑”战略思想，印度将中国视为“头号潜在威胁”，立足打“对等核威慑”下的高技术战争，全力推进“三位一体”核力量建设，发展重点如下所示。

一是“烈火”-4 陆基弹道导弹。2014 年完成最终研发测试，国防部宣布即将开始批量生产，已进行三次试射，至今仍未完全形成作战能力。该导弹搭载 1 枚爆炸当量 4 万吨的核弹头，采用两级推进固体燃料，射程超过 3500 千米，可公路或铁路机动部署，列装后将进一步增强陆基核打击能力。

二是“烈火”-5 陆基弹道导弹。2018 年 12 月完成最终飞行测试，预计将于 2025 年开始列装。该导弹搭载 1 枚爆炸当量 4 万吨的核弹头，采用三级推进固体燃料，射程超过 5200 千米，可公路或铁路机动部署，列装后将具备实施接近洲际距离的核打击能力。

三是“觅敌者”号弹道导弹核潜艇。计划 2024 年前服役。该艇是印度第二艘国产弹道导弹核潜艇，安装 4 个发射仓，可携载 12 枚 K-15 潜射弹道导弹，每枚导弹携带 1 个爆炸当量 1.2 万吨的核弹头，未来将携载正在研制的 K-4 潜射弹道导弹（射程超 3500 千米）。首艇“歼敌者”号主要承担训练和科研测试任务，预计“觅敌者”号的质量稳定性将进一步提升，可开展更频繁的威慑巡航任务。

四是引进法国“阵风”战斗机。向法国购买 36 架，计划 2022 年完成交付。该战斗机航程约 3700 千米，交付后，将进行 13 项“印度定制改进”，包括新型雷达、低温发动机启动装置、头盔显示瞄准系统、电子战和敌我识别系统等，将大幅提升印度空基核力量的作战范围和响应能力，将部署在中印边境东西端的两个基地。

3. 未来五年能力分析

印度将全方位加速陆海空核力量建设，预计陆基弹道导弹从 4 型增至 6 型，弹道导弹核潜艇规模从 1 艘增至 2 艘，战斗轰炸机规模从 48 架（“幻影”-2000H/I、“美洲豹” IS/IB 战斗轰炸机）增至 68 架（“幻影”-2000H/I、“阵风”战斗轰炸机），形成较为完备的“三位一体”核打击体系，核打击能力进一步提升，主要体现在以下三方面：

一是陆基弹道导弹射程大幅增加。研制部署“烈火”-4 弹道导弹和“烈火”-5 弹道导弹，最大射程提升到 5200 千米以上（“烈火”-5），较现役陆基弹道导弹最远射程（“烈火”-3，3200 千米）增加 60%以上。

二是空基核打击距离明显提升。引进 36 架法国的“阵风”战斗机，执行核作战任务的战斗轰炸机数量由 48 架增至 68 架（每架飞机携带 1 枚核航弹），提升 40%以上，最远航程达 3700 千米，较现役飞机最远航程（“幻影”，1850 千米）提升了 100%。

三是海基核力量进一步加强。第二艘“歼敌者”级弹道导弹核潜艇“觅敌者”号服役。两艘潜艇各携载 12 枚 K-15 潜射弹道导弹，可交替执行任务，加强印度在印度洋地区的核威慑，有助于增强其对印度洋的制海权。

未来五年，印度核打击能力虽进一步提升，但存在以下薄弱环节。陆基核打击力量仅装备中远程射程以下的弹道导弹，不具备洲际核打击能力。海基核打击力量只有 2 艘“歼敌者”级弹道导弹核潜艇，海上威慑巡航能力弱，配装的 K-15 潜射弹道导弹射程 700 千米，海基核打击能力极为有限。空基核打击力量仅装备战斗轰炸机与核航弹，且完全依赖进口，空中核打击距离短，穿透能力弱。

（中核战略规划研究总院
张　莉、李晓洁、孙晓飞）

核军控与防扩散

十三、美俄新START条约延期5年

2021年1月26日，美俄就延长《关于进一步削减和限制进攻性战略武器措施的条约》（简称“新START条约”）互换外交照会，同意将该条约无条件延长5年。

1. 背景

1972年至今，美俄（苏）间生效的军控条约共有6项，包括：1972年《关于限制进攻性战略武器的某些措施的临时协定》（SALT-Ⅰ）、1972年《限制反弹道导弹系统条约》（《反导条约》）、1987年《消除中程和短程导弹条约》（《中导条约》）、1991年《削减和限制进攻性战略武器条约》（START-Ⅰ）、2002年《关于削减进攻性战略力量条约》（《莫斯科条约》）、2010年新START条约。

新START条约由美国总统奥巴马和俄罗斯总统梅德韦杰夫于2010年4月签署，2011年2月生效，取代了2009年12月到期的START-Ⅰ条约和2002年签署的《莫斯科条约》。随着美国退出《反导条约》和《中导条约》，新START条约已成为美俄间仅存的双边核裁军条约。

2. 条约基本要素及执行情况

(1) 主要限制

根据条约规定，对两国的进攻性战略武器数量限制如下：一是部署的洲际弹道导弹、潜射弹道导弹和重型轰炸机数量不超过 700 件；二是部署在洲际弹道导弹、潜射弹道导弹和重型轰炸机上的战略核弹头数量不超过 1550 枚（每架轰炸机按携带一枚核弹头计数）；三是部署和未部署的洲际弹道导弹发射装置、潜射弹道导弹发射装置和重型轰炸机数量不超过 800 件。

(2) 核查措施

新 START 条约规定双方就条约限制内容对各自的武器数量、类型、部署地点等进行数据交换，并就数据变更进行通告；对洲际弹道导弹、潜射弹道导弹和重型轰炸机进行“标识”。条约允许侵入式现场视察，以确认上述信息的准确性，每一方每年可进行 18 次现场视察，包括对洲际弹道导弹、潜射弹道导弹和轰炸机基地的 10 次“第一类”视察，以及对未部署或改装的发射装置和导弹设施的 8 次“第二类”视察。

(3) 退约、到期、延期

条约规定如果任何一方认为条约相关的“非常事件”损害了其最高利益，则有权退约，在这种情况下，条约将在一方通知退约后三个月终止。根据规定，条约自生效之日起 10 年内有效，可在双方同意的前提下最多延长 5 年。

(4) 执行情况

总体来看，新 START 条约得到了有效执行。

一方面，美俄两国进攻性战略武器数量已符合条约规定。根据美国国务院发布的最新数据，截至2020年9月1日，美国部署的运载工具675件，部署的战略核弹头1457枚，部署及未部署的发射装置800件；俄罗斯部署的运载工具510件，部署的战略核弹头1447枚，部署及未部署的发射装置764件。

另一方面，条约核查机制有效运行。条约生效以来，两国每六个月更新并交换数据库，内容覆盖武器数量、类型、部署地点等信息；就进攻性战略武器的位置、移动和部署情况交换通告21 403次；累计展示新型进攻性战略武器以及进攻性战略武器转换成果等15次；此外，两国均充分利用了条约允许的每年18次现场视察机会，十年间累计开展现场视察328次（2020年受疫情影响，美俄各进行2次现场视察）。

3. 条约延期相关情况

（1）俄罗斯一贯支持条约无条件延期

俄罗斯总统普京多次公开表态支持条约延期。2018年7月，普京在芬兰赫尔辛基峰会后接受采访时表示，“俄罗斯随时准备延长新START条约”；2019年12月，普京对俄罗斯军事官员表示，“俄罗斯已经准备好立即无条件延长新START条约”。俄致力于维护该条约主要出于三方面考虑。一是期望利用美俄间仅存的双边核裁军条约维持其大国地位。二是条约增加了战略核力量的透明度和可预测性，有利于维护战略稳定。三是面对条约失效后可能出现的新一轮核军备竞赛，俄罗斯更难承受。

（2）美两党政府对条约延期态度迥异

特朗普共和党政府奉行“以美国安全利益为核心”的军控理念，认为新START条约无法限制俄罗斯非战略核武器和新型战略核武器，未能解决中国“不断增长的核能力”，对条约延期提出附加条件。2020年6—8月，美俄就新START条约延期等问题举行三轮双边战略稳定对话，但未能达成一致。美国先是以中国加入作为条约延期的前提条件，后要求扩大条约范围，进一步限制俄非战略核武器，并制定更严格的核查措施。俄同意冻结核武库规模以实现条约延期 1 年，但双方因核查措施等问题最终未能达成一致。

民主党一贯支持军备控制和国际合作，肯定新 START 条约对于维护美俄战略稳定发挥的重要作用。作为时任美国副总统，拜登曾在参议院批准新 START 条约的过程中发挥了关键作用。2020 年竞选期间，拜登公开表态肯定新 START 条约是美俄间战略稳定的支柱，符合美国国家安全利益，将支持条约延期并以此作为后续军控安排的基础。

(3) 拜登执政后美俄迅速就条约延期达成一致

拜登 1 月 20 日宣誓就职后，白宫即对外宣称寻求将新 START 条约延长 5 年。1 月 26 日，美俄就条约无条件延期 5 年达成一致并互换外交照会。俄罗斯方面，条约延期需经议会批准；1 月 27 日，俄罗斯国家杜马和联邦委员会分别通过了条约延期法案；1 月 29 日，普京签署了批准条约延长 5 年的法律。美国方面，条约延期只需总统同意，无需经国会批准。

4. 分析

(1) 条约延期有助于维护美俄战略平衡与稳定

1972 年以来，美俄（苏）先后达成多项削减和限制进攻性战略武器的条约，战略核力量始终处于双边机制管控之下。自 2014 年“克里米亚事件”以来，美俄双边关系日趋紧张，冲突风险加剧。尽管两国在《中导条约》和《开放天空条约》等问题上争议不断并先后退约，但在新 START 条约履约问题上未出现较大分歧，条约得到了有效执行。新 START 条约作为美俄间仅存的双边核裁军条约，已日渐成为两国战略关系的“稳定器”。

(2) 条约延期对于推动全球核军控进程具有一定积极意义

美俄作为两个最大的核武器国家，对核裁军负有特殊优先责任，两国以可核查、不可逆方式进一步大幅削减核武器，有利于推动国际核军控进程，为最终实现全面彻底核裁军创造条件。近年来，囿于美大国竞争战略，两国战略互信严重缺失，双边核裁军进程严重倒退，并进一步冲击国际多边核军控体系。当前，美俄在非战略核武器、新型战略核武器、导弹防御、外空武器化等问题上分歧明显，短期内难以达成新的核裁军条约，新 START 条约延期 5 年可为美俄解决彼此安全关切、谈判进一步削减进攻性战略武器预留充足的时间，同时也将有助于纾解国际社会对核裁军进程迟缓的不满情绪。

(3) 条约延期并非意味着美俄朝真正的核裁军方向前进

新 START 条约只对部署的战略核弹头数量做出限制，但并未限制非战略核弹头和未部署的战略核弹头，实际上，美俄两国仍各自拥有超 5000 枚核弹头。尽管新 START 条约要求美俄将部署的战略核弹头数量削减至 1550 枚，但这种削减只能算“适度”，且一旦需要两国均可快速增加部署的核弹头数量。此外，美俄都在部署或推进核力量全面现代化，继续强化核威慑力量建设。当前及未来一段时期，美俄深度核裁军难有更多实质性进展。

（中核战略规划研究总院
宋　岳）

十四、美英帮助澳建造核潜艇的影响分析

2021 年 9 月 16 日，澳大利亚政府突然宣布，与美国、英国组成新的 AUKUS 三边安全伙伴关系，开展多种先进国防技术合作，加强在印太地区的军事能力。其第一项倡议是由美英协助澳建造 8 艘核潜艇。澳声明绝不发展核武器、继续致力防扩散的立场。澳为此还取消了已经进展多年的由法国协助建造常规潜艇的项目。上述倡议意味着澳将获得美英的军用反应堆技术。消息一出立即引起国际社会哗然，被推上风口浪尖。

1. 利用 NPT 条约未做规定的情形打擦边球，具有核扩散风险

美英澳此举利用《不扩散核武器条约》（简称“NPT 条约”）中未做规定的情形打擦边球，实质违背防扩散宗旨，具有核扩散风险。

NPT 条约 1968 年在联大通过，1970 年生效，禁止五个核武器国家向无核武器国家转让核武器和核爆炸装置，要求无核武器国家开展的和平核活动接受国际原子能机构保障监督。NPT 没有对非爆炸军事用途的核材料做出规定，默许无核武器国家将核材料用于非爆炸的军事用途且不接受保障监督。

NPT 条约对非爆炸军用核材料未做规定的起因是，条约起草时，希望争取更多国家特别是一些希望将来获得核潜艇技术的无核武器国

家的支持。因为无核武器国家的核潜艇如果接受保障监督，有可能泄露潜艇反应堆设计、潜艇所在位置等敏感军事信息。

为了尽可能挽回问题，国际原子能机构在作为保障监督协议模板的 INFCIRC/153 文件中提出了申报义务。文件第 14 段“对于非和平活动的核材料不适用保障监督的情形”提出要求：无核武器国家将核材料用于不受保障监督的活动，须告知国际原子能机构，不得用于制造核武器或核爆炸装置，并仅在用于该活动时不接受保障监督，重新回到和平活动时保障监督将重新生效。这种安排不会因对核材料的保障监督而泄露该国的军事敏感信息。

2. 无核武器国家发展核潜艇的核扩散风险在当前难以彻底解决

国际社会对上述情形一直有认识，认为这是 NPT 条约中的“漏洞”，有核扩散风险，实际上违背了防扩散的宗旨。

核潜艇普遍采用压水堆，需要浓缩铀作为核燃料。美国和英国的核潜艇为了追求先进的动力性能，甚至采用富集度 93%的武器级高浓铀。根据目前的国际防扩散机制，无核武器国家都可能以发展核潜艇为由，进口浓缩铀或建立本土铀浓缩能力，甚至生产高浓铀。这些材料和设施不接受保障监督，就有可能被转用于核武器用途。

国际防扩散领域研究者也对此提出过两种解决方案，但都难以彻底消除核扩散风险。一种方案是全面落实保障监督，但必须采取视觉遮蔽、封隔、远程测量等技术措施，保证不泄露敏感军用信息。然而，核潜艇换料周期长达几年乃至几十年，且核潜艇离开港口后难以监视，将导致秘密转用核材料的行为不能被及时发现。第二种方案是全面推行核潜艇反应堆使用低浓铀燃料，包括核武器国家的核潜艇，这就杜绝了不受保障监督的高浓铀材料存在的可能性。问题在于，美英的核潜艇反应堆都不能直接换用低浓铀燃料，而高性能核潜艇反应堆使用低浓铀燃料所需的技术开发需要时日，加之换用低浓铀燃料会对潜艇性能带来巨大不利影响因而难以获得广泛接受。

3. 五核国以外发展核潜艇的案例

核潜艇具有常规潜艇难以企及的续航力、机动性、打击能力等，是许多国家发展先进海军、提升国际影响力的梦想。核潜艇过去曾为五核国所独有。印度首艘本土建造的核潜艇历经多年坎坷攻关，在 2009 年下水，印度成为第 6 个拥有核潜艇的国家。虽然现在尚未有无核武器国家成功拥有核潜艇的案例，但许多国家有这方面的动向。

加拿大曾在 1987 年宣布购买核潜艇，从而可能成为第一个拥有核潜艇的无核武器国家。后来因公众反对和价格昂贵，放弃了这一计划。

巴西 20 世纪 70 年代就开始研制核潜艇。一度中断后，2007 年重新开始研制。但进展一拖再拖，目前计划是 2034 年首艘潜艇服役。潜艇反应堆为本土开发，艇体部分由法国协助研制。巴西具有铀浓缩能力，现有核设施接受保障监督。巴西决定对核潜艇反应堆使用低浓铀燃料，同时接受保障监督，并已开展有关研究。

韩国、伊朗、阿根廷、巴基斯坦、委内瑞拉等，过去也都曾提出将发展核潜艇。韩国总统文在寅 2017 年在时任美国总统特朗普访韩期间，曾与其讨论购买核潜艇的可能性。

4. 澳大利亚发展核潜艇的可能前景

目前，美英澳三国尚未拟定出未来澳大利亚核潜艇的具体建造方案。根据目前情况推测，澳未来的核潜艇应该是先进的攻击型核潜艇或巡航导弹核潜艇（具备投送巡航导弹、鱼雷、特种作战部队、无人潜航器，及开展情报侦察等军事能力），并将从美英进口核动力技术。新核潜艇初步打算在本土建造，有可能采取美“弗吉尼亚”级或英

“机敏”级攻击型核潜艇的艇体设计，也不排除直接引进的可能。潜艇反应堆燃料可能保持美英的武器级高浓铀设计，也不排除降低核燃料富集度。有了美英在动力技术和潜艇技术上的强大支持，澳核潜艇研制进展将比较顺利。美“弗吉尼亚”级核潜艇建造周期约 5 年，加上建立管理体系和工业能力等筹备工作的时间，澳最快有望在 10 年内建成首艘核潜艇。

5. 澳大利亚发展核潜艇将在多方面造成广泛影响

澳大利亚发展核潜艇，不仅把 NPT 条约的“漏洞”付诸践行，加剧核扩散风险，还将在军事、军工、全球和地区安全方面带来深远影响，并触发近期已有苗头的核潜艇军备竞赛。

军事方面，澳拥有先进核潜艇，将极大提高美军事同盟的海上军事实力。美除了 14 艘弹道导弹核潜艇担负海基核威慑使命外，目前有 51 艘攻击型核潜艇和 4 艘巡航导弹核潜艇，部署在全球各地，作为海上战术力量的中坚，执行反潜、反舰、对陆打击、投送特种作战部队、秘密情报侦察等各种军事任务。近年，这一潜艇力量在军事使用上一直面临数量短缺、捉襟见肘的局面，急迫需要增加数量。然而由于建造周期、工业能力的限制，增加攻击型核潜艇数量的计划，要到 21 世纪 40 年代末才能见到成效。澳建造核潜艇，可显著减轻美攻击型核潜艇不够用的紧迫局面，有效巩固美军事同盟在印太地区的前沿存在。

工业方面，美英核潜艇工业，在冷战结束后的 30 年来都因新建潜艇数量大幅减少而急剧萎缩，目前提速建造潜艇十分困难，不少潜艇还因不能及时得到维护而难以出海部署，英建造新型弹道导弹核潜艇的计划因经费上涨和进度拖延严重而艰难维持。美英澳如果形成潜艇建造的联盟，就将有新的投资来振兴美英两国潜艇工业，极大缓解当下困境，促使其扩大产能、摆脱当前面临问题。

在核扩散与安保方面，如前所述，澳将从美英获得高浓铀反应堆燃料与核材料加工技术，甚至有可能是武器级高浓铀，也不乏兴建铀浓缩能力的可能，这些都将加大澳发展核武器的潜能。一艘美“弗吉尼亚”级核潜艇反应堆核燃料的武器级高浓铀材料，粗略估计有数百千克。即便采取保障监督措施，也因保护敏感信息的需要而难以根本杜绝核材料被转用、盗用的风险。尤其是，武器级高浓铀在不受保障监督的情况下，有极高的核扩散风险。况且，核潜艇具有运载弹道导弹的能力，此举也将造成大规模杀伤性武器运载工具的扩散。

近期，韩国军方以朝鲜发展核导能力为由，着手发展核潜艇。伊朗也多次提出发展核潜艇的打算，作为发展铀浓缩的理由。新一轮核潜艇军备竞赛已出现苗头。澳大利亚发展核潜艇并进而在印太地区广泛部署，严重冲击亚太地区的战略稳定格局，将加剧周边国家不安全感，促使更多无核武器国家纷纷效仿，快速加入发展核潜艇的军备竞赛，从而严重冲击国际防扩散机制。

6. 小结

美英澳此举将开辟核武器国家向无核武器国家转让非爆炸军用核技术的先例，这是利用 NPT 中未做规定的情形打擦边球，实质违背防扩散宗旨。而且如果澳核潜艇力量在西太平洋广泛部署，还将增强美军事同盟遏制我的能力。以 NPT 条约为代表的国际防扩散机制近年来屡屡受挫，已经引起众多无核武器国家不满。美英协助澳建造核潜艇，将进一步加剧核扩散、恶化全球和地区稳定、加剧军备竞赛。我应与国际社会一道，坚持维护国际防扩散机制，继续大力敦促上述国家尽早停止该项计划。

（中核战略规划研究总院
许春阳、赵学林）

十五、国际原子能机构报告朝鲜重新运行后处理设施，扩大军用钚库存

2021 年 8 月 27 日，国际原子能机构（IAEA）总干事格罗西向机构理事会提交了题为《在朝鲜执行保障监督》的报告，介绍了自 2020 年 9 月以来朝鲜核计划的最新进展。报告称，朝鲜近期的核活动引发严重关切，尤其是宁边 5 兆瓦反应堆和后处理设施重启的迹象令人深感不安。有关情况值得关注。

1. 朝鲜核材料生产的新进展

IAEA 依据开源信息和卫星图像，持续监测朝鲜核计划的最新进展，以下是自 2020 年 9 月以来朝鲜核设施的活动情况。

一是 5 兆瓦反应堆。从 2018 年 12 月初至 2021 年 7 月初，未发现该堆运行的迹象。但是自 2021 年 7 月初以来，出现了冷却水排放等反应堆运行的迹象。

二是放化实验室（即后处理设施）。在 2021 年 2 月中旬至 2021 年 7 月初期间，为放射化学实验室供给的蒸汽厂运行了大约 5 个月的时间，该时间与朝鲜此前公布的乏燃料后处理所需的时间相符。

三是宁边核燃料棒制造厂（即离心铀浓缩设施）。虽然观察到有车辆定期来往，但有迹象表明，该厂内的离心铀浓缩设施未运行。还持

续观察到在二氧化铀生产工艺厂房内有排放迹象。

四是实验轻水堆。观察到该堆附近有材料运送和施工车辆来往，证明其内部施工仍在继续。但未观察到反应堆其他主要部件的转运情况以及任何该堆运行的迹象。

五是平山铀矿和选冶厂。在此前申报为平山铀矿和选冶厂的场址，一直存在进行采矿、选矿及水冶活动的迹象。

六是降仙建筑群。降仙建筑群与宁边离心铀浓缩设施具有相同的基础设施特征，且其建造时间更早。在 2020 年 9 月至 2021 年 8 月期间，有迹象表明降仙建筑群持续开展活动。

2. 新增库存分析

(1) 相关核设施运行历史及既往生产情况

5 兆瓦反应堆。朝鲜武器级钚通过宁边 5 兆瓦（热功率为 25 兆瓦）气冷石墨慢化堆生产。该堆于 1973 年完成设计，1986 年建成启动。在朝鲜与国际社会就其核计划谈判期间，该堆经历过数次关停和重启，其运行历史及生产情况见表 4。

表 4　朝鲜宁边 5 兆瓦反应运行历史及军用钚产量估计

时间	1986 年—1990 年	1991 年—1994 年	1994 年—2003 年	2003 年—2007 年 7 月
状态	初期运行	正常运行	关闭	正常运行
产钚量	<9.5 千克	18.0 千克	0	27.0 千克
时间	2007 年 7 月—2013 年 8 月	2013 年 8 月—2015 年 12 月	2015 年 12 月—2018 年 12 月	2018 年 12 月—2021 年 7 月
状态	升级维护	低功率或间歇运行	低功率或间歇运行	未运行
产钚量	0	5～7 千克	9～12 千克	0

后处理设施。该设施位于宁边放射化学实验室内，于 1990 年建成

投产。朝鲜先后于 2003 年 2—6 月、2005 年 6—10 月、2009 年 4—8 月、2016 年 3—7 月对从 5 兆瓦反应堆卸出的 8000 根辐照后的燃料棒进行了后处理，每次活动持续约 5 个月；在 2021 年 2—7 月期间，该设施内再次出现相似活动迹象。此外，根据 1992 年朝鲜向国际原子能机构提供的有关放化实验室的设计资料，后处理 5 兆瓦反应堆一个完整的辐照后燃料堆芯所需时间也是 5 个月。

(2) 此次后处理活动新增军用钚库存估计

经以上分析可知，此次后处理设施分离的钚来自 5 兆瓦反应堆上个运行周期，即 2015 年 12 月—2018 年 12 月初之间所产生。我们估计，该堆满功率运行一年可产生 6～7 千克钚，但由于在上个运行周期内该堆处于低功率或间歇运行状态，每年可产生约 3～4 千克钚，因此推算此次后处理活动将分离出约 9～12 千克钚。朝鲜此前约有 40 千克军用钚，经过此次后处理分离后，军用钚库存将达到 49～52 千克。

3. 小结

朝鲜目前已实现核装置的小型化和轻量化，具备了将核弹头搭载到近、中程弹道导弹上的能力，其“火星”-15 洲际弹道导弹具备攻击美国本土的潜力，解决了朝鲜对美本土核威慑能力有无的问题。考虑到核试验经验及技术基础，朝鲜在将核弹头搭载到洲际弹道导弹方面技术仍不成熟。以钚-239 作为裂变材料的核弹头比威力更大，也更适合为洲际弹道导弹所携载。朝鲜当前核材料库存中军用钚数量有限，只有继续生产军用钚才能具备实现洲际核打击投送能力并增加其数量的物质基础。

（中核战略规划研究总院

赵学林、宋　岳、赵　畅、杨　力）

十六、朝鲜持续提升战略核威慑能力

美国国会研究服务局（CRS）2021 年 12 月 13 日发布的《朝鲜的核武器与导弹计划》报告指出，朝鲜领导人将核武器视为阻止外国干涉的终极威慑。越来越高的导弹试射成功率，表明朝鲜正在努力构建可突破地区导弹防御系统的核作战能力，展示其核能力的可信度。报告称，美国国会应根据朝鲜的进展来考虑美国的相关政策。

1. 报告主要内容

(1) 不断提高弹道导弹机动性与生存能力

朝鲜目前正在开发具备机动性、可靠性、有效性、精确性以及生存能力等几个重要特点的核武器与运载系统。与固定式发射相比，机动式核武器拥有更强的生存能力，可使朝鲜有限数量的武器、发射架与核弹头发挥最大化作用。

1）两次试射洲际弹道导弹

2017 年，朝鲜通过一系列试验，提升了使用洲际弹道导弹打击整个美国大陆的能力。当年朝鲜成功试射了两型液体燃料推进陆基机动洲际弹道导弹，即 KN-20（朝称“火星”-14）和 KN-22（朝称“火星”-15）。在 2020 年 10 月举行的阅兵式上，朝鲜还展示了一种更大的新型“火星”洲际弹道导弹，这种导弹尚未进行飞行测试。据美国国防情报局（DIA）估计，该新型导弹“很有可能搭载多弹头”。这些导弹系统的可靠性尚不确定，需要做进一步测试来评估导弹是否能够按照设计发挥作用。

在 2017 年 11 月成功进行唯一一次“火星”-15 试射后，朝鲜没有再进行洲际弹道导弹试验。这可能表明朝鲜的导弹部队仅拥有少量洲际弹道导弹，或者是出于非技术原因暂停了导弹试射。

2）研发“北极星”中程弹道导弹

KN-15 中程弹道导弹可对朝鲜半岛地区内的对手造成重大威胁。KN-15 是一种固体燃料推进弹道导弹，朝鲜称其为“北极星”-2，可以攻击日本本土，是一型核常兼备的导弹，采用履带式车辆机动发射，发射前很难被敌方定位。

3）研发试验三型短程弹道导弹

朝鲜的中/短程弹道导弹正在向采用固体燃料推进剂和卫星制导系统方面改进。技术改进还将扩展到“火星”系列洲际弹道导弹系统，未来将提高朝鲜导弹的机动性能、生存能力、作战威力与精确性。

KN-23 短程弹道导弹。2019 年 5 月试射两枚 KN-23 时，导弹的飞行轨迹更贴近地面，在末端接近目标时，KN-23 做了一次“拉升”动作，通过提高速度和对目标的攻角来避免被地面拦截器摧毁。此外，朝鲜在 2021 年 3 月 25 日可能还试射了 KN-23 导弹的改装型，该型号被朝鲜官方媒体称为“新型战术制导炮弹”。

KN-24 短程弹道导弹。朝鲜一直致力于提高精确制导战术武器的性能，其新开发的 KN-24 和 KN-25 对韩国及美国在朝鲜半岛的资产构成了重大威胁。KN-24 是一种采用机动发射架、固体燃料推进剂的战术系统，可搭载较大的载荷。为实现精确打击，朝鲜演示了 KN-24 的制导系统与机动飞行。专家估计，朝鲜可能意图使 KN-24 具备核与常规两种打击能力。

KN-25 短程弹道导弹。KN-25 的开发模糊了火箭与导弹之间的界线。然而，由于 KN-25 采用了先进的航空电子设备、惯性与卫星制导系统以及空气动力学结构，可在有效范围内，精确地对目标产生破坏性影响，因而具有与传统短程弹道导弹同样的效果。携带常规载荷的 KN-25 射程达到 380 千米，可打击韩国境内的目标。2019 年和 2020 年进行的试射表明，一组操作人员能以 20 秒的间隔发射由 4 枚火箭组成的 KN-25 系统。

鉴于 KN-25 是一种比传统的短程弹道导弹更经济的系统，朝鲜可能会寻求以齐射的方式大量发射此类火箭或导弹来压制敌方的导弹防御系统，以有效地与敌方交战。即使面对敌方最先进的导弹防御系统，KN-25 的齐射攻击也能最大限度地达到预期效果。

4）两次成功试射“北极星”-3 潜射弹道导弹

朝鲜潜射弹道导弹研发取得的进展表明，其正在努力通过海上阵地对敌方展开攻击，以削弱“萨德”系统的作用。尽管如此，导弹仍可受到“宙斯盾”导弹防御系统的跟踪。

“北极星”-3 潜射弹道导弹已于 2019 年试射成功。2021 年 DIA 的报告显示，朝鲜宣称“北极星”-3 可从弹道导弹潜艇以冷发射形式发射。该型导弹采用固体燃料推进并可“携带核弹头”。此外，朝鲜曾在阅兵式中展示了尚未进行飞行试验的“北极星”-4 和“北极星”-5 远程潜射弹道导弹。

（2）注重核弹头小型化和轻量化，发展战术核武器

当前，易裂变材料的生产在很大程度上决定了朝鲜制造核弹头的数量与类型。据专家估计，朝鲜生产的易裂变材料，可制造 20～60 枚核弹头。朝鲜实施核武器计划的目标之一就是降低核弹头的尺寸与重量。

2017 年 7 月，DIA 的一项评估及某些观察人士认为，朝鲜已具备

将核装置安装在各种射程弹道导弹上的能力。2021 年 1 月，金正恩说，朝鲜能够“使核武器小型化、轻量化和标准化，以便将其作为战术核武器使用。”

(3) 重启武器级钚生产，继续运行铀浓缩厂

据报道，朝鲜继续生产用于制造核武器的易裂变材料。朝鲜在 2009 年退出“六方会谈”后，重启了钚生产设施。2021 年 8 月，国际原子能机构的报告指出，朝鲜正在运行其后处理厂与宁边 5 兆瓦反应堆，该堆的乏燃料过去已被后处理并提取了制造核武器的钚。

另外，朝鲜可能在宁边核联合体和降仙继续运行铀浓缩厂。

2. 小结

从美国国会研究服务局的报告来看，核常兼备的中程和短程导弹已成为朝鲜当前研发的重点，并为洲际弹道导弹的进一步开发提供技术借鉴。未来朝鲜的核导技术将向提高突防能力和生存能力的方向发展，以提升其战略核威慑的可信度。朝鲜持续保持核军工生产能力，为先进战术核武器研制提供保障。2021 年朝鲜领导人金正恩表示，朝鲜将“进一步发展小型轻量化核武器”；“陆续开发新型战术弹道导弹和中远程巡航导弹等尖端核战术武器”；“开展可装备新型导弹的高超声速战斗部等多种弹头的研发。”未来，一旦上述武器系统形成战斗力，朝鲜的核打击能力也将迈上新的台阶，不断向实现金正恩提出的在“质量和数量上进一步加强国防力量”的目标接近。

（中核战略规划研究总院
杨　力）

十七、伊朗铀浓缩能力发展现状简析

当前，围绕伊核问题，美国与伊朗持续展开搏弈。为反制美国的“极限施压”政策与制裁，伊朗已突破伊核协议的限制，采取多项措施继续推进铀浓缩计划。按照2020年颁布的《反制裁战略措施法案》要求，伊朗在浓缩铀数量、浓缩铀丰度以及新型离心机的安装和运行数量上都达到了新高，进一步提升了铀浓缩能力。伊朗议会议长卡利巴夫2021年4月宣布，伊朗已生产了第一批丰度60%的浓缩铀。同时伊朗总统鲁哈尼也表示，“伊朗有能力将浓缩铀丰度提高到90%。”

1. 伊朗铀浓缩能力现状

(1) 将浓缩铀丰度从20%提升至60%

2021年1月28日，伊朗议会议长卡利巴夫表示，伊朗科学家在不到1个月内已生产了17千克20%丰度浓缩铀。根据《反制裁战略措施》法案，伊朗每年将生产120千克20%丰度浓缩铀，平均每月生产10千克，目前已超额完成月度生产计划。伊朗最高领袖哈梅内伊表示，在国家需要的情况下，伊朗可将浓缩铀丰度提高到60%。

2021年4月11日，伊朗纳坦兹铀浓缩厂电力系统遭网络攻击，导致大量离心机损坏。作为对此次破坏事件的回应，伊朗生产了丰度达60%的浓缩铀，每小时产能9克。

（2）浓缩铀数量大幅增加

根据2021年2月23日国际原子能机构（IAEA）发布的《根据联合国安全理事会第2231（2015）号决议在伊朗伊斯兰共和国开展核查和监测》报告显示，截至2月16日，伊朗浓缩铀库存总量已达2967.8千克。其中大部分是5%丰度以下浓缩铀，20%丰度浓缩铀有17.6千克。

（3）增加先进离心机数量以扩大铀浓缩生产

伊朗已在纳坦兹核设施安装了更先进的IR-2m型离心机。伊朗原子能组织（AEOI）发言人1月宣布，未来几个月内伊朗将在纳坦兹燃料浓缩厂安装至少1000台IR-2m离心机。IR-2m离心机年生产能力约3.7千克SWU（分离功率单位），比IR-1型离心机高4倍。IR-2m由两个碳纤维转子管组成，以马氏体钢波纹管连接。

截至2021年3月，伊朗已安装并运行了4组级联（174台离心机/组）近700台IR-2m离心机，正在向《反制裁战略措施法案》要求的"三个月内在纳坦兹核设施至少运行1000台IR-2M离心机"的目标迈进。

此外，2021年4月伊朗先后宣布开始测试和运行更先进的IR-9型和IR-6型离心机。这两种离心机生产能力比IR-1分别高50倍和10倍。

（4）生产金属铀，引发外界关注

IAEA在2021年2月10日证实，伊朗已在伊斯法罕的工厂生产了3.6克金属铀。此举引发西方国家关注。2月12日，法、德、英外交部发言人发表联合声明，指责伊朗违反了伊核协议有关"伊朗在15年内不生产金属铀，也不就铀的冶炼技术开展研发"的规定。三国强烈呼吁伊朗立即停止生产金属铀。

丰度为 3%～10%的铀-235 可用于核电站发电用燃料。丰度大于 90%的铀-235 被称为武器级高浓缩铀，主要用于制造核武器。伊朗已生产了金属铀，虽然是低丰度铀金属，但其也可随时生产武器级金属铀，表明伊朗已掌握核武器关键材料的制造技术。

（5）将限制与 IAEA 合作并终止执行《附加议定书》

伊朗 2021 年 1 月 9 日表示，如果美国在 2 月 21 日之前不解除对伊制裁，伊朗将禁止 IAEA 核查人员进入伊朗核设施，并将终止自愿执行“不扩散核武器”条约《附加议定书》。此举将使 IAEA 视察人员对伊朗核设施的核查范围与核查时间受到限制和约束，也将使外界难以了解伊朗核计划发展进程，以及难以确定伊朗是否存在发展核武器的企图。

2 月 21 日，伊朗与 IAEA 达成一项临时协议，为伊朗采取这项措施设置了为期 3 个月的缓冲期，以使有关各方利用缓冲期就美伊双方恢复履约问题开展协调和谈判，从而允许 IAEA 核查人员在继续伊朗核查和监督。自 4 月 6 日起，伊核协议联合委员会已举行了多轮协调会议，迄今美伊双方就解除制裁与履约先后的问题上陷入僵局。

2. 伊朗铀浓缩能力简析

（1）伊朗生产武器级高浓铀不存在技术阻碍

伊朗生产出 60%丰度浓缩铀表明基于伊朗离心机装机数量和分离功能力，生产武器级高浓铀没有任何技术困难。伊朗总统鲁哈尼在 4 月份宣称“伊朗甚至可以现在就提纯 90%丰度的浓缩铀”，但尽管如此，伊朗目前尚未生产出可制造一枚核武器的高浓铀材料。

（2）铀浓缩生产能力

自伊朗恢复铀浓缩计划以来，其生产能力显著增加。据美研究机构2月份估计，伊朗在纳坦兹和福尔多所有工厂的总铀浓缩能力已从2020年的6963千克SWU/年增加到当前的8258千克SWU/年，提高了近20%。伊朗运行全部先进离心机后，其铀浓缩总生产能力将增加到12900千克SWU/年，浓缩铀产量将大幅增加。

(3) 对伊朗生产出武器级高浓铀时间的估计

尽管伊朗宣称“不打算也不制造核武器”，但如果掌握了关键技术并储备足够的材料，就可随时迅速开展核武器制造。根据美国研究机构估计，截至2021年2月末，按照伊朗现有浓缩铀库存规模，估计其生产出武器级铀的时间最短为3.1个月。估计伊朗在5个月内可生产出能制造两枚核武器所需的武器级铀。

3. 小结

伊朗根据《反制裁战略措施法案》提出的相关目标，铀浓缩计划持续取得进展。2021年以来，美伊仍就双方是先遵守协议还是先取消制裁的问题争执不下，美国对伊朗的制裁也未采取实质性缓解措施，双方就核问题在外交、政治、经济等展开博弈。短期内伊核问题难有重大改善，未来一段时期局势能否取得实质性进展尚待观察。

（中核战略规划研究总院
杨　力）

核能与核燃料

十八、2021年国外核能发展综述

应对气候变化是人类共同的课题，“双碳”目标已成为世界各国共同的价值追求。核能作为安全可靠的清洁能源，各国普遍将核能视为推动实现“双碳”目标的重要解决方案之一。此外，核能在国防能源保障、太空等领域也具备广泛的应用前景。美、俄等主要核国家已将先进核能技术视为未来核工业发展的制高点，正积极推动相关技术研发。

1. 国外核能发展现状

根据世界核协会公布的数据，截至2021年年底，全球32个国家/地区共有437台核电机组运行，总装机容量38 968万千瓦；57台机组在建，总装机容量6333万千瓦；2021年共有10台机组开工建设，包括中国6台、俄罗斯1台、土耳其1台、印度2台；永久关闭机组10台。2020年，全球核发电量2.6万亿千瓦时，约占全球总发电量的10%，约占清洁能源发电量的30%以上。在运机组数量位居前列的国家依次是美、法、中、俄、日、韩、印等。

（1）美国

美国是世界上在运核电机组规模最大的国家。截至2021年年底，在运核电机组93台，总装机容量9550万千瓦，占全球总装机容量的近 25%；2 台 AP1000 机组在建，总装机容量 223 万千瓦。2020 年核电发电量 7900 亿千瓦时，约占全国总发电量的 19.7%，约占美国清洁能源发电量的 50%以上，核能是美最大的清洁能源。

为保持在大国竞争中的战略优势，美国积极振兴和壮大核能工业，多举措推动先进核能技术发展。2021 年 1 月，美能源部发布《战略愿景》，提出包括现代化改造在运反应堆、部署先进反应堆、保持核能全球领导地位等五项目标。2021 年 11 月，美国通过《两党基础设施投资与就业法》，为在运核电机组持续安全运行、先进反应堆技术的研发示范、核能制氢示范项目论证、矿区清洁能源示范项目探索等提供财政或技术援助。

在运反应堆方面，实施在运轻水堆现代化改造计划，重点开发先进数字技术、优化安全裕量等，进行在运反应堆延寿，同时增强其经济性、安全性、可靠性。2021 年，核管会批准 2 台机组二次延寿至 80 年。目前，还有 9 台机组正在申请延寿。

先进反应堆方面，能源部近年实施先进反应堆示范、先进反应堆技术研发等计划，从示范工程、技术预研、概念探索三个层级支持多种先进堆型研发。2021 年，首座 6 模块的纽斯凯尔小堆核电厂已完成选址，首个模块预计 2029 年投运，其余 5 个模块 2030 年投运；Xe-100 高温气冷示范堆、Natrium 钠冷示范快堆选址工作已于 2021 年完成，预计 2028 年示范运行。此外，美能源部还在推进氯化物熔盐快堆（MC-FR）、赫耳墨斯缩比试验堆等堆型的研发示范。

先进核燃料方面，正在实施先进燃料研发计划，重点开发耐事故燃料、三元结构各向同性（TRISO）燃料等。2021 年，西屋公司的 Encore 耐事故燃料棒正在进行为期一年的辐照后检测取证；X 能源公司计划 2025 年建成第一座商用 TRISO 燃料设施；超安核技术公司首次生产的全陶瓷微封装燃料（下一代 TRISO 燃料）正在进行入堆考验。

此外，美国还积极推动核能综合利用，2021 年 10 月，启动核能制氢示范项目，以帮助实现在 10 年内将制氢成本降至每千克氢 1 美元的目标。

核能国际合作方面，美国取得了突破性进展。在 AP1000 上，西屋电气公司与乌克兰公司签署协议，帮助乌建设 4 台 AP1000 机组；与波兰公司签署谅解备忘录，在波兰建设 6 台 AP1000 机组；与捷克公司签署谅解备忘录，在捷克建造 1 台 AP1000 机组。在小堆方面，纽斯凯尔电力公司与乌克兰、波兰、保加利亚等国家的公司签署谅解备忘录，开展在这些国家建设纽斯凯尔小堆的可行性研究；与罗马尼亚国家核电公司签署协议，计划 2028 年前在罗马尼亚建造纽斯凯尔小堆核电厂。

(2) 俄罗斯

截至 2021 年年底，俄罗斯在运核电机组 37 台，总装机容量 2765 万千瓦；在建机组 3 台，总装机容量 281 万千瓦。2020 年核电发电量 2018 亿千瓦时，约占全国总发电量的 20.6%。

俄罗斯始终坚持先进核能技术研发。2021 年，俄罗斯通过新版规划文件《发展核能利用领域的科学、技术与工艺》，构建核能未来发展的全景蓝图。根据最新批准的《至 2035 年直至 2040 年电力设施建设总体安排》，2035 年前将建成 16 台核电机组。此外，俄罗斯还将建造 5 座浮动核电厂。

目前，俄罗斯正在现有热堆闭合燃料循环的基础上，全面构建“热堆闭合燃料循环＋快堆闭合燃料循环”的新型“二元核能体系”，力争实现核能可持续发展。在反应堆方面，2021 年，第四台 VVER-1200 核电机组投运；多年筹备的铅冷快堆正式开工建造；首个陆上小堆核电厂（RITM-200N）获批建造许可，预计 2024 年开工、2028 年投运；BN-1200 反应堆预计 2025 年启动建造；世界最大的快中子研究堆 MBIR 预计 2024 年完工；SHELF-M 微堆研发设计将在 2024 年年底完成。在燃料循环方面，2021 年，压水堆铀钚混合燃料建成生产能力且先导燃料组件入堆；铅冷快堆铀钚氮化物燃料设计完成；耐事故燃料第三轮入堆辐照完成。

俄罗斯是目前世界上核能领域最强劲的竞争者。俄罗斯海外核电订单有 30 多台机组。2021 年，俄罗斯与吉尔吉斯斯坦签订小堆建造合作备忘录；与菲律宾签署小堆建造意向性文件。

（3）法国

法国是世界上核电占比最高的国家，是第二大核电国家。截至 2021 年年底，在运核电机组 56 台，总装机容量 6137 万千瓦；在建机组 1 台，总装机容量 163 万千瓦。2020 年核电发电量 3387 亿千瓦时，约占全国总发电量的 70.6％。

法国 2015 年《绿色增长能源转型法》提出 2025 年前将核电占比降低至 50％，2019 年《能源气候法》将这一目标推迟到 2035 年。然而，为了保障能源供应安全和气候目标的实现，法国总统马克龙 2021 年 11 月表示，法将启动核电建设。2022 年 2 月，马克龙提出新建核电厂的计划，拟 2028 年开始新建 6 台 EPR2 机组，2035 年前首台机组投运，之后再建 8 台，2050 年新增装机容量达 2500 万千瓦。同时，要求法国电力公司研究核电机组延寿至 50 年以上。此外，2021 年 10 月发布的“法国 2030”投资计划明确提出 2030 年前建成首座小堆，并大规模利用核能制氢。

2021 年，法国核安全局批准 900 兆瓦系列机组的延寿许可；正在国内和芬兰建设的 EPR 机组多次延期，拟分别于 2023 年、2022 年投运；结构更简化、造价更低的全数字化 EPR2 反应堆仍在设计中；正在开发的 NUWARD 小堆预计 2022 年完成概念设计、2030 年投运；

首个完整的耐事故燃料组件已交付美国。此外，法马通与美企业签署合同，将向美沸水堆机组提供耐事故原型燃料棒。

（4）日本

截至2021年年底，日本在役核电机组33台，总装机容量3168万千瓦，其中，只有10台机组获准在福岛核事故停运后重新启动。在建核电机组2台，总装机容量265万千瓦。2020年核电发电量431亿千瓦时，约占全国总发电量的5.1%。

虽然受到福岛核事故的重创，但是出于保障能源安全和减排目标的考虑，日本并没有放弃核能。2021年10月，日本批准新《战略能源计划》，提出2030年核电占比达20%至22%。日本在确保现有核电机组安全运行的同时，支持小堆研发与核能综合利用。近期，日本原子能研究开发机构、三菱重工等两家公司与美国泰拉能源签署快堆技术开发合作备忘录。

（5）韩国

截至2021年年底，韩国在运核电机组24台，总装机容量2314万千瓦，在建核电机组4台，总装机容量536万千瓦。2020年核电发电量1526亿千瓦时，约占全国总发电量的29.6%。

根据2020年韩国发布的《2020—2034年电力供应长期基本规划》，核电占比将从目前的18.2%下调至2030年的11.8%，再下调至2034年的10.1%。2021年6月，韩国原子能研究所与韩国造船企业三星重工计划合作开发一种用于船舶推进和浮动核电厂的熔盐堆（MSR）。

（6）印度

截至2021年年底，印度在运核电机组23台，总装机容量689万千瓦；在建核电机组8台，总装机容量603万千瓦。2020年核电发电量 404 亿千瓦时，约占全国总发电量的 3.3%。

印度正在实施核电扩大计划。2021 年 12 月，印度原子能和太空发展部表示，2031 年印度核电装机容量将增至 2248 万千瓦，未来将建造更多的核电厂。印度的原型快堆正处于综合调试阶段，预计 2022 年 10 月建成。印度巴巴原子研究中心正在建设的快堆燃料循环设施已完成 32%，预计 2027 年 12 月建成。

2. 国外重点核能技术发展动向

(1) 在运反应堆延寿与大型压水堆改进部署是目前的发展重点

目前，大多数在运反应堆为二代核电技术，设计寿命通常为 30 至 40 年。全球约三分之二的核电机组运行了 30 年以上，在运反应堆延寿与退役的需求增加。美、俄、法等国都在实施反应堆延寿计划，开展材料老化管理、反应堆压力容器的辐照脆化与延寿评估、设施设备的老化控制与预防等研究。根据国际能源署 2020 年 6 月发布的《核电》报告，美国已有 88 台机组获准延寿至 60 年，正在开展核电机组二次延寿至 80 年。俄罗斯根据反应堆堆型不同，已有多个反应堆获准延寿 10 年至 30 年。

目前，国内外在建的大型压水堆主要包括 AP1000、EPR、VVER-1200、VVER-TOI、华龙一号等。为了提高安全性与经济性，俄、法都在开展相关堆型的改进，俄罗斯 VVER-TOI 是 VVER-1200 的改进型，法国计划建的 EPR2 是 EPR 的改进型。

(2) 小型模块化反应堆成为研究热点

小堆具有安全性好、用途灵活、单堆成本低等特点，具有广阔的应用前景，成为目前的研究热点。根据 IAEA 2020 年发布的《小型模块化反应堆技术进展》，全球迄今已推出 72 种小堆设计。其中，水冷堆 31 种，主要由技术成熟的大型压水堆发展而来，其他的包括高温气冷堆14种、快堆11种、熔盐堆10种、微堆6种。俄罗斯“罗蒙诺索夫”号浮动式核电厂已于2019年并网发电，其堆型为小型压水堆。美国计划2029年投运的纽斯凯尔核电厂为一体化小型压水堆，计划2028年示范的两座示范堆为高温气冷堆和钠冷快堆。

(3) 耐事故燃料是国际核燃料的一个重要发展方向

与现有的二氧化铀燃料和锆合金包壳燃料相比，耐事故燃料更耐辐射、腐蚀和高温，可提高反应堆的安全性，成为核燃料领域的重要发展方向。美、俄、英、法、韩等国都在开展耐事故燃料研发，从燃料芯块和包壳两方面进行燃料性能的改进。涉及领域包括涂层、合金及碳化硅包壳材料，高密度燃料材料、铀-钼燃料等。美、俄、法等国的耐事故燃料都已经进行入堆考验。

(4) 快堆是核能可持续发展的关键

压水堆对铀资源的利用率仅有1%，快堆理论上可以将铀资源利用率提高到60%以上。配合闭式燃料循环，可以实现核能的可持续发展。这方面，俄罗斯进展最快，现有两座商用规模钠冷快堆BN-600和BN-800，2021年启动BREST-OD-300铅冷快堆建造；RT-1后处理厂可对轻水堆和钠冷快堆的各种乏燃料进行后处理，年处理能力400吨，正在建设先进水法后处理厂。

(5) 各国正在推进受控核聚变技术发展

聚变能源比裂变能源更加清洁、安全且资源比较丰富，是未来理想的战略能源之一。各国正在推进受控核聚变技术发展。美国能源部2020年发布的首个聚变研究长期战略路线图提出2040年建成一座核聚变示范电厂。2021年8月，美国国家点火设施一次试验产生了相当于输送到燃料仓激光能量的70%，创下了先前记录的8倍。近日，全球目前规模最大的核聚变装置——欧洲联合环状反应堆（JET）在连续 5 秒内产生了 59 兆焦耳的能力，创下了新的世界纪录。

3. 小结

核工业是高科技战略产业，是世界强国的技术必争之地。同时核能作为安全、可靠的清洁能源之一，可助推“双碳”目标的实现，多国正在积极采取措施推动核能发展。在推进在运反应堆延寿、大型压水堆改进部署的同时，积极发展小堆、快堆、聚变堆、耐事故燃料等先进核能技术，提高核电安全性、经济性，确保核能可持续发展。

（中核战略规划研究总院
金　花、戴　定、许春阳、王春芬、蔡　莉）

十九、美国多举措推动先进核能技术发展

美国是世界第一核电大国，但绝不仅仅将核能技术发展局限在能源领域，而是将其列为国家安全战略的重要部分。美国认为，中国和俄罗斯在核能领域的发展冲击了美国在这一领域的全球领导力和主导权，威胁着美国家利益和安全。为保持在大国竞争中的战略优势，美近年来多举措全力推进先进核能技术发展，并拓展其在未来能源、太空、国防能源保障等领域应用。

1. 出台多个战略性文件，顶层统筹谋划核能发展

在核能工业全局方面，美 2018 年、2019 年先后通过《核能创新能力法》《核能创新与现代化法》，将核能竞争力提高到国家安全的战略高度。2020 年 4 月 23 日，美能源部发布《恢复美国核能竞争优势——确保美国国家安全的战略》，该文件将俄罗斯和中国列为美国在全球核能领域的主要竞争对手，为应对未来挑战，美对整个核能供应链，包括铀矿开采、铀转化、铀浓缩、核电以及行政监管等方面进行了全面评估，系统分析了核能产业和技术发展态势，研究提出了振兴核能产业、恢复核能领导地位的战略建议。2021 年 1 月 12 日，能源部发布《战略愿景》，阐述了推进先进核能发展的五项目标：①现代化改造在运反应堆；②部署先进反应堆；③开发先进核燃料循环；④保持核

能技术全球领导地位；⑤加强人才队伍和组织管理。

在核能太空领域应用方面，2019 年 8 月 20 日美首次发布《装有空间核系统的航天器的发射》总统备忘录。在美 2020 年 12 月 11 日发布的《国家太空政策》指导下，同年 12 月 16 日发布《关于空间核电源和核推进的国家战略备忘录》；2021 年 1 月 12 日发布《关于促进国防和太空探索用小型模块堆的行政令》。这些文件全面更新了美空间核动力发展战略、政策和目标，多方面提升政策支持水平，并推动核能太空应用从技术研发向型号工程迈进。

在核能国防能源保障领域应用方面，2018 年 10 月，美陆军发布《可移动式核电源的地面作战使用》研究报告；2019 年 1 月，国防部发布《可移动式核电源意见征询书》。美军方认为在重回大国竞争的态势下，为应对战略对手的挑战，要提高海外作战能力，微型可移动核反应堆可为边远或海外美军基地提供安全可靠的能源保障，使美在全球任何地方可以顺利开展大规模持续的作战行动。文件明确了开展核能国防能源应用的方向。上述的《关于促进国防和太空探索用小型模块堆的行政令》对核能的国防能源应用也做出了再部署。

2. 制定多项计划，确定先进核能发展重点

为落实上述战略，能源部、国防部、国家航空航天局实施或提出多项计划。

(1) 在核能工业全局方面，着重实施先进反应堆和先进核燃料循环相关计划

在先进反应堆上，重点实施两项计划：①**先进反应堆示范计划**，于 2020 年 5 月启动，能源部已选定资助 10 种先进反应堆设计，促进其技术成熟和示范。其中 2 型将在 2028 年前示范，5 型将在 14 年内获得许可和部署（2035 年前 2 型示范），3 型可开展预先研究。②**先进反**

应堆技术研发、示范和商用计划，重点支持先进反应堆概念、可适应极端环境（强辐射、高温、高压、高腐蚀）的材料、非轻水堆（如熔盐堆、高温气冷堆）的冷却剂，以及先进传感器、控制系统、制造和建造技术等研发。拟 2024 年示范和试验采用先进制造技术建造的微堆堆芯，2029 年投运首个“纽斯凯尔”小型模块堆。

在先进核燃料循环上，重点实施三项计划。①**铀储备计划**，拟 2021 年启动采购流程，购买铀矿和铀转化服务，解决国内铀矿生产和铀转化近期挑战，确保在市场供应中断情况下提供保障。②**高丰度低浓铀获取计划**，执行时间为 2034 年 9 月 30 日之前或从市场获得可靠和足够供应后，方案包括使用库存浓缩铀、高浓铀掺混、用能源部研发技术生产、用国内外技术生产。拟 2022 年前示范国内高丰度低浓铀生产，2023 年前从能源部非国防材料中获得最多 5 吨高丰度低浓铀。③**先进燃料研发、示范和商用计划**，重点开发可增强耐事故能力、经济性好的先进燃料，供下一代轻水堆和先进反应堆使用。拟 2025 年前实现耐事故燃料初步应用，2030 年广泛应用。此外，还进行三层各向同性碳包覆燃料、氮化物燃料、金属合金燃料等研发，开展乏燃料贮存、使用、处置等技术研究。

另外，美国还在实施**在运轻水堆现代化改造计划**，重点开发先进数字技术、面向风险的系统、优化安全裕量等，将在运反应堆寿命从最初的 40 年延长到 60 年甚至 80 年，同时增强其经济性、安全性、可靠性，并扩大到制氢、海水淡化、供热等非电力应用；准备实施**核综合能源系统研发、示范和商用计划**，将核能和可再生能源、化石能源相结合，实现发电、供热或生产其他非电力产品如海水淡化和制氢等一体化。其目的是通过更智能地利用资源、提高生产灵活性，减少温室气体排放，最大化能源生产和效率，拟 2027 年前示范核—可再生混合能源系统，2035 年前实现更大范围应用。

(2) 在核能太空领域应用方面，着重开展四项工作

一是放射性同位素电源研发。2020 年 7 月 30 日发射的“毅力”号火星漫游车装载了放射性同位素电源，能源部正开发下一个系统，拟装备于 2026 年发射的“蜻蜓”号飞行器。

二是实施“星球表面电源系统”计划。拟 2030 年前在月球表面示范，用作电源，且可放大，满足未来火星探索需要。

三是确定 2040 年前太空探索任务的核动力系统需求。考虑因素包括：反应堆可运输性，极端环境下的热管理，在地球发射、太空组装的反应堆尺寸和质量，动力需求，反应堆不换料运行寿命等。

四是开展空间核动力军事应用相关工作。包括明确是否需要利用反应堆来满足国防部未来太空任务需求；21 世纪 20 年代末建立技术基础和能力，使核热推进满足国防部未来任务需求成为可能，如开发反应堆与推进系统技术，解决反应堆设计建造、推进系统和航天器集成等关键技术挑战；对美国空间核电源与推进技术的军事应用进行直接分析，并对外国对手的空间核电源和推进计划进行研究。

因为美国家航空航天局和国防部是需求方，能源部是承研方，因而前三项工作主要由国家航空航天局和能源部合作，第四项主要由国防部和能源部合作。

另外，美国防高级研究计划局（DARPA）2020 年披露“地月空间敏捷作战演示验证火箭”（DRACO）项目，研制使用高丰度低浓铀作燃料的核热推进系统，并计划 2021 年从可行性研究转向在测试环境中的实际演示验证。能源部也在和国家航空航天局合作开展核热推进系统研发。

(3) 在核能国防能源保障应用方面，着重实施微堆示范计划

国防部制定实施微堆示范计划，演示验证电功率小于 10 兆瓦的先进反应堆，为国防装置提供能源，增强其能源的灵活性和安全性。需

要考虑的因素包括：可移动、离网、不换料长周期运行、抗电磁脉冲破坏、满足网络安全要求。2020 年 3 月 9 日，国防部启动军用可移动微堆电源“贝利”项目，签署 3 种微堆设计竞标合同，将选定一种设计，拟 2025 年进行首堆示范。

3. 加强多方协同，保障核能事业发展

一是加强政府部门间合作。包括：①能源部和核管会合作，促进特种核燃料制造和浓缩设施、先进反应堆等的许可审批和监管等。②能源部和国家航空航天局合作，研发放射性同位素电源、星球表面电源系统等，满足太空探索需要。③国防部和能源部、国家航空航天局、商务部等合作，确定国防部未来空间核动力需求，制定 2030 年前国防和太空探索用小型模块堆通用技术路线图等。2021 年 1 月 19 日，能源部和国防部签署谅解备忘录，确定双方在空间电源和推进技术研究方面的长期合作关系。

二是加强政府与科研机构、企业等合作。上述工作由能源部、国防部等政府部门、机构引导，由国家实验室与大学、工业界伙伴等合作开展。除了法律规定不能披露的信息之外，能源部还将通过网站、报告文集、数据库等形式共享研发成果。

三是加强国际合作。美准备制定国际核能合作计划，以安全、安保、和平利用核技术，支持外交、金融、防扩散、气候、国际经济等目标的实现。拟到 2021 年与寻求发展核能的 5 个国家建立正式合作关系；到 2022 年加强美国在促进和平利用核能的多边组织中的领导力和参与度。

4. 分析

（1）美国高度重视核能军民发展，将核能竞争优势置于国家安全的战略高度

为促进能源安全和国防安全目标的实现，并巩固和强化美在地面和太空领域的霸主地位，美国出台多项战略性文件、制定多项计划、提供充足资金，全面推进先进核能技术发展。通过政府部门、科研机构、企业之间合作并建立关键科研基础设施，推动上述战略和计划的实施。

（2）美国瞄准未来市场需求和军事应用需要，重点推动先进反应堆、高丰度低浓铀、耐事故燃料等技术研发，值得参考借鉴

先进反应堆不仅用于发电，还可独立为国防设施提供安全可靠电力，为太空领域提供电源和推进。许多先进反应堆需要采用高丰度低浓铀，以缩小反应堆尺寸并实现长时间不换料，且国防相关先进反应堆必须使用国产高丰度低浓铀。与现有的二氧化铀燃料和锆合金包壳燃料相比，耐事故燃料更耐辐射、腐蚀和高温，可提高反应堆的安全性；换料周期更长、燃耗更高，可提高反应堆的经济性；燃料用量减少约 30%，可降低反应堆整个寿期内的燃料成本。

（3）高度警惕美推进空间核动力应用

美国明确将空间核动力的军事应用相关问题列入国防部日程，包括储备相关技术基础与能力、开展空间核推进技术研发、进行空间核电源和推进技术的军事应用分析等。

（中核战略规划研究总院
金　花、许春阳、王春芬、赵　畅、李晓洁）

二十、美国能源部核能办公室发布《战略愿景》

2021 年 1 月 8 日，美国能源部核能办公室发布《战略愿景》文件，为核能办公室履行职能绘制了蓝图，明确了工作方向和目标。核能办公室的职能是牵头联邦政府的各项努力，推动核能科技发展，以满足美国能源、环境和经济需求。

文件指出，美国核工业面临着重大挑战，“市场条件迫使多座反应堆提前关闭，并削弱了美国核能供应链”，“俄罗斯和中国等国家正迅速成为主要核技术出口国，美国对其他国家核能支持和利用方面的全球影响力逐步减弱”。为了应对这些挑战并实现能源部 2020 年 4 月发布的《恢复美国核能竞争优势》报告提出的目标，核能办公室未来将在五个领域推进先进技术的发展和应用。

1. 保障现有机组持续运行

美国核电机组数量居全球首位，共计拥有 94 台在运机组，遍布 28 个州，为近 50 万美国人提供了就业机会。核发电量占总发电量的约 20%，占低碳能源发电量的 55%。保障现有核电机组持续稳定运行将在确保美国能源安全和降低碳排放方面发挥重要作用。

但是，现有机组的持续运行面临着两项严峻挑战：一是低价天然气的大量出现以及可再生能源的快速发展，使核电机组的持续运行面临经济性挑战，自 2013 年以来已有 10 多台机组提前关闭，另有 10 多台机组宣布将在未来几年内关闭；二是即使所有机组均获准将运行寿期从最初的 40 年延长至 60 年，约一半的机组也将在 2040 年关闭。为应对这两项挑战，保障机组的长期持续运行，美国提出了三项发展重心。

(1) 降低运营成本

在三个技术领域推进相关技术的研发和应用，帮助机组降本增效：首先，推动先进数字技术的开发和部署，促使核电机组能采用更有效的运营方式，2026 年将完成数字化反应堆安全系统在现有机组中的成功示范；其次，推进风险预警系统分析技术的研发和应用，使运营商能够优化安全裕量，在保持并增强现有安全功能的前提下减少冗余设备、提高运维质量，从而大幅降低成本；最后，鼓励耐事故燃料的商业化，2025 年启动在商业机组中的实际应用，2030 年实现广泛应用。

(2) 实现产品多样化

除了发电，核能还可用于制氢、供热、海水淡化……在电力市场竞争越来越激烈的情况下，推动现有核电厂实现产品多样化，可使装机容量得到充分利用，保证核电基荷运行，拓宽收益渠道。未来将重点推进现有核电厂制氢技术的商业化，将于 2022 年在商业核电厂建成一座可扩展的制氢示范厂。该示范厂将实现与核电厂的匹配运行，成为可供其他核电厂制氢参考的商业案例。

(3) 为延寿至 80 年提供科学依据

美国大部分现有机组均在 20 世纪 70 至 80 年代投运，即将达到目前许可证限制的 60 年寿期。为了保障核电装机容量在 2040 年之后不出现断崖式下降，美国一直在稳步推进核电设备和材料老化研究，并已证明通过对设备和材料进行主动监控和维护，现有机组运行超过 60 年在技术方面不存在限制。已有 8 台核电机组向核管会提交延寿至 80 年的申请，其中 4 台机组已获得批准。迄今已有 20 台机组表示准备延寿至 80 年。未来，将继续支持相关研究的开展，为核电机组的长期持续运行提供科学依据。

2. 推进先进反应堆技术的商业化进程

先进反应堆技术在降低排放、创造就业机会和促进经济发展方面具有巨大潜力。美国 50 多家开发商正在开展先进反应堆技术研究。为了推动这些技术早日实现商业化，核能办公室将在三个方面开展工作。

(1) 通过公私合作加快先进反应堆商业化

先进反应堆技术开发需要使用特有设施和能力，私营企业通常无法单独维持。美国能源部国家实验室拥有先进的科研基础设施、卓越的研究能力和顶尖的科学家队伍。核能办公室一直在为私营企业提供基础科研设施、技术和经费支持，帮助加快先进反应堆技术的商业化进程：2015 年“加速核能创新接口”倡议使私营企业能够在国家实验室的帮助下推进先进反应堆技术的开发；2017 年“先进核技术开发行业经费申请公告”为创新技术研发提供资助；2019 年“国家反应堆创新中心”使企业能够与核管会、国家实验室和大学合作推进先进反应堆设计的测试和示范；2020 年“先进反应堆示范计划”将帮助开发商建设示范堆，目标是到 2028 年建成 2 种先进反应堆的示范堆；到 2035 年建成 2 种创新型先进反应堆的示范堆。

(2) 研发能够拓展核能应用的反应堆技术

先进反应堆设计灵活多样，能够拓展核能应用范围，满足多样化能源需求：小型模块堆能够为偏远地区供电，并替代燃煤电厂；微型反应堆能够通过卡车、船舶和飞机运输，为军事基地或者遭受自然灾害的地区供电；高温气冷堆适用于制氢、高温工艺热供应、海水淡化等非电力应用。2024 年将示范和测试采用 3D 打印等先进制造技术制造的微型反应堆堆芯，2025 年建成微型反应堆示范堆，2029 年建成首座小型模块堆电厂。

(3) 支持能够提高资源利用率的多样化设计

将继续支持快堆、高温堆和熔盐堆等能够对资源进行充分利用、减少浪费的先进反应堆的研发。还积极推进将核能、可再生能源和化石能源结合在一起、能够在发电的同时提供其他能源产品（例如热量）的综合能源系统的开发，目标是 2027 年建成一座可进行热电联供的核能—可再生能源系统，并在 2035 年使这一系统实现广泛商业应用。

3. 支持先进核燃料循环技术的发展

保障现有机组长期持续运行以及实现先进反应堆商业化，需要推动先进核燃料循环技术的发展，以提高资源利用率，减少废物产生，并进一步加强核电安全。在这一领域，将重点关注下述三个方面的工作。

(1) 消除国内核燃料供应链短板

由于市场不景气，相关企业难以抵御激烈的市场竞争，导致美国核燃料供应链多个环节出现短板：天然铀产量大幅下降，2019 年的产量不到 90 吨，同比降低近 90%；唯一的铀转化厂自 2017 年以来一直处于停运状态；开发商不能通过商业途径获得制造先进反应堆燃料所需的高丰度低浓铀。为了消除这些短板，核能办公室将推动两项工作的开展。首先，建立铀储备，防止未来市场出现供应短缺，建立储备铀的采购流程。其次，研究高丰度低浓铀供应方案：近期，对能源部库存的非军用高浓铀进行稀释，到 2023 年通过这一方式获得 5 吨高丰度低浓铀；长期，利用本国技术建设铀浓缩厂，预计将在 2022 年完成利用离心技术生产高丰度低浓铀的示范。

(2) 填补与先进反应堆配套的核燃料循环技术空白

现有核燃料循环技术不能满足未来先进反应堆需要。一些先进反应堆需要使用不同于现有的二氧化铀燃料的固体燃料，例如带有碳包覆层的三元结构各向同性（TRISO）燃料、氮化物燃料或金属燃料；

另一些则需要使用液体燃料。在各种先进反应堆技术的商业化过程中，将持续资助与它们配套的核燃料循环技术研发，并于 2030 年对先进反应堆燃料循环进行评估。

(3) 评价废物综合管理系统建设方案

美国商业乏燃料目前在位于 34 个州的 76 个核电厂区或贮存点贮存。在可预见的未来，乏燃料将继续在这些地点安全贮存，直至明确最终处置方案。核能办公室将继续支持相关研究的开展，为乏燃料的贮存、运输和最终处置提供科学依据，并在技术和组织机构建设方面为未来的运输和最终处置做好准备。

4. 保持美国在核能技术领域的全球领导地位

美国商务部 2017 年估计，未来 10 年内的全球民用核电市场价值将达到 5000 亿至 7400 亿美元，可为美国带来逾 1000 亿美元的出口收入，创造大量就业岗位。美国不能失去核能技术领域的全球领导地位，把这一市场拱手让给俄罗斯、中国等竞争对手。在这一领域，将在下述三方面加强努力。

(1) 帮助美国核工业开拓全球市场

核能的全球发展，使得开展广泛的国际合作极为重要。核能办公室将通过双边技术合作以及参加促进原子能和平利用的多边组织，积极拓展全球市场。目标是 2021 年年底前与五个寻求发展核能的国家建立正式合作关系，2022 年年底前加强美国在多边组织中的领导和参与，例如国际原子能机构、国际核能合作框架、第四代反应堆国际论坛等。此外，核能办公室还将与美国其他机构、国家实验室、学术界和工业界合作，2021 年年底前制定一份全面方案，帮助其他国家发展核能。

(2) 保持世界级研发能力

为了给技术开发人员提供最好的支持，并保持在核能技术方面的全球领导地位，美国必须保持世界级的研究、开发和示范基础设施及相关能力。核能办公室正在爱达荷国家实验室建设两座设施，以填补在研发能力方面存在的两个缺口：一是多功能实验快堆，将于 2026 年建成投运，用于弥补在开展快堆材料、燃料和仪表研发方面存在的不足；二是样品制备实验室，将于 2026 年建成，用于弥补在辐照后材料检查和分析方面存在的不足。此外，还将与国家航空航天局合作，2030 年建成用于在星球表面供电和空间推进的裂变能示范系统。

(3) 为未来的核工业发展培养高素质人才

核能办公室将继续为高等院校科研工作的开展、基础设施的升级以及学生的培养提供资助。计划到 2021 年年底资助 50 个高校研究项目，并为高校学生提供 500 万美元奖学金。为了使全国 24 座高校研究堆中的 12 座 TRIGA 反应堆能够继续运行，核能办公室将与唯一的燃料供应商合作，在 2021 年年底之前重启 TRIGA 燃料的生产。

5. 建立高效组织

为建立并保持高效组织，拥有一支高素质的员工队伍，将在下述三个方面付诸努力。

(1) 支持和投资人才队伍建设

为了保持员工队伍的卓越性，核能办公室致力于从联邦政府内部和外部积极招聘高素质员工。已经制定详细的招聘计划，并对招聘计划的实施情况进行密切跟踪分析，目标是到 2021 年填补所有核心员工的缺口。还将支持员工的继续教育和培训，帮助制定职业规划，以保持一支世界级的专业人才队伍。

(2) 开展有效的项目管理

核能办公室建立了一个基于网络的项目管理工具“核能项目信息收集系统”，其中涵盖了研发项目的各项内容，包括目标、假设、技术范围、可交付成果和时间表，可用于对项目执行情况进行实时跟踪分析。目标是在预算内按时实现 95%的重要里程碑。未来还将加强与本国印第安部落的合作，并利用“核能部落工作组”计划促进更多印第安部落参与核能活动，目标是到 2022 年将“核能部落工作组”成员数量从 11 个增加到 13 个。

(3) 定期与利益相关者沟通

核能办公室将继续就工作计划、优先事项和活动与利益相关者进行定期沟通。将在 2022 年发布更新版《战略愿景》文件，使利益相关者能及时了解核能办公室的工作蓝图。核能办公室下属的各项目科室也将在 2021 年年底前发布多年期项目计划，介绍本科室的工作目标、优先事项以及重要里程碑等（见表 5）。

表 5　美国能源部核能办公室重点工作领域、目标和里程碑

工作领域	目标	里程碑
保障现有机组持续运行	1. 降低运营成本； 2. 实现产品多样化； 3. 为延寿至 80 年提供科学依据	1. 2022 年建成一座可扩展的核能制氢示范厂； 2. 2025 年在商业机组启动耐事故燃料的应用； 3. 2026 年实现数字化反应堆安全系统在现有机组中的成功示范； 4. 2030 年实现耐事故燃料的广泛使用
推进先进反应堆技术商业化进程	1. 通过公私合作加快先进反应堆商业化； 2. 研发能够拓展核能应用的反应堆技术； 3. 支持能够提高资源利用率的多样化设计	1. 2024 年示范和测试采用 3D 打印等先进制造技术制造的微型反应堆堆芯； 2. 2025 年建成微堆示范堆； 3. 2027 年建成首个核能—可再生能源混合系统； 4. 2028 年建成 2 种先进反应堆的示范堆； 5. 2029 年首座小堆电厂投运； 6. 2035 年建成 2 种创新型先进反应堆的示范堆

续表

工作领域	目标	里程碑
支持先进核燃料循环技术的发展	1. 消除国内核燃料供应链短板； 2. 填补与先进反应堆配套的核燃料循环技术空白； 3. 评估废物综合管理系统建设方案	1.2021 年建立储备铀的采购流程； 2.2022 年完成利用离心技术生产高丰度低浓铀的示范； 3.2023 年，通过稀释能源部库存高浓铀，获得 5 吨高丰度低浓铀； 4.2030 年评估先进反应堆燃料循环

6. 小结

为应对美国核工业面临的各项挑战，美国能源部核能办公室发布《战略愿景》，目的是推动核能科学和技术发展，以满足美国的能源、环境和经济需求。《战略愿景》明确了未来的五个工作重点领域，反映了以下三个趋势。首先，对于大型轻水堆，美国未来将重点关注延长现有反应堆运行寿期，推进反应堆运行的降本增效，实现产品多样化。其次，新型小堆和微堆等先进反应堆技术及其配套燃料循环技术，以及核能—可再生能源混合系统将成为美国核工业的研发重点。最后，美国将高度重视国际核能市场开拓，未来将积极推进双边技术合作，并加强对多边组织的领导和参与。此外，政府机构、学术界和工业界正在密切合作，制定帮助其他国家发展核能的全面计划。

（中核战略规划研究总院
伍浩松、戴　定）

二十一、美国推动空间核动力技术发展，巩固和强化太空主导地位

空间核动力相比目前在航天任务中普遍应用的太阳能电池阵和化学推进，具有能量密度高、不依赖太阳光照等综合优势。随着深空探测距离的增加和航天器在太空驻留时间的延长，这些优势愈发凸显。美国是世界上最早开始研究空间核动力技术的国家，整体技术能力处于世界先进水平。近年来美国再次提出重返月球，加快深空探测步伐，并积极推动空间核动力技术的发展，旨在通过空间核动力技术助力其在竞争日益激烈的太空环境中进一步巩固和强化主导地位。

1. 发展目标和规划

2020 年 12 月，美国白宫发布《有关空间核电源与核推进的国家战略备忘录》；2021 年 1 月，美国能源部发布《太空能源战略》。两份文件针对空间核动力技术的发展和应用，提出了具体的目标和规划。

一是到 2027 年，在月球表面示范 10 千瓦星表核反应堆电源，电源功率需能够进一步扩展到 40 千瓦及更高水平，为未来保持在月球的持久战略存在和火星探测任务提供支持；二是到 20 世纪 20 年代末期，解决核热推进关键技术，满足国防部和国家航空航天局未来太空任务的要求；三是到 2030 年，至少开发出一种效率更高、比能量更大和运

行寿命更长的先进放射性同位素电源，支持月球和火星探测任务，扩大航天器在太阳系的探索范围。

2. 技术进展情况

美国国家航空航天局、能源部和国防部正在共同推进空间核动力技术的开发。空间核动力主要包括空间核电源和核推进：空间核电源方面，正在重点发展星表核反应堆电源，并启动了下一代放射性同位素电源的开发；核推进方面，当前开发工作主要集中在核热推进上，面临的开发挑战较大，对核电推进的投入相对有限，进展也较为缓慢。

(1) 重点发展星表核反应堆电源

星表核反应堆电源目前是美国空间核动力技术研发计划中优先级最高的任务。美国计划 2027 年在月球示范 10 千瓦星表核反应堆电源，电源系统将采用模块化设计，多个单元可互连，不需较大设计改动便可将功率扩展到 40 千瓦。

1）反应堆设计

美国能源部国家实验室研究表明，对 7～10 千瓦星表核反应堆电源，基于高浓铀设计的快堆最紧凑、质量最小。但为了响应防扩散政策，美国倾向于在空间核动力装置中尽量使用高丰度低浓铀，这将使快堆重量增加一倍以上，无法满足要求 。而采用热堆设计，反应堆重量仅比使用高浓铀的快堆高 15%～25%。因此，美国当前的研究方向主要是以高丰度低浓铀为核燃料的热堆设计。

在堆芯冷却方面，目前碱金属热管冷却的技术成熟度和制造准备水平最高，同时装置的重量也最小。

2）核燃料选型

目前存在几种较为成熟的燃料可作为星表核反应堆电源的候选燃料，综合来看，铀钼合金燃料和氮化铀燃料作为星表核反应堆电源燃料的可能性较大。

铀钼合金燃料的技术成熟度和制造准备水平较高，目前美国能源部和国内商业公司均具备制造铀钼合金燃料的能力。在燃料丰度和反应堆类型一定的情况下，使用铀钼合金燃料可使反应堆堆芯设计得最小。

氮化铀燃料的技术成熟度较高，但制造准备水平低于铀钼合金燃料，目前只有国家实验室具备制造使用高丰度低浓铀的氮化铀燃料的能力。在热堆设计中，使用氮化铀燃料的堆芯要重于使用铀钼合金燃料的堆芯。

TRISO 燃料无论是在快堆设计还是热堆设计中，都必须经过大量重新设计才可能使反应堆重量符合要求，开发进度可能无法赶上 2027 年星表核反应堆电源的示范运行。

(2) 开发下一代放射性同位素电源

截至 2021 年，美国已有 7 型近 50 个放射性同位素电源成功在太空中应用，电源的热电转换效率由最初的 4%左右提高到接近 7%，输出功率由不到 10 瓦提升到近 300 瓦。目前最新应用的是 2012 年和 2021 年随航天器成功登陆火星的多任务放射性同位素电源。该电源成功应用后美国对其进行了部分改进，主要是采用了热电转换效率更高、性能衰退速度更慢的方钴矿热电材料。

目前，美国已启动了下一代放射性同位素电源（NGRTG）的开发，按照开发阶段 NGRTG 将分为三个版本：前两个版本主要对原有的放射性同位素电源进行翻新、升级，输出功率预计均为 295 瓦，计划 2028 年前可投入使用；第三个版本将进一步提升电源的模块化程度和输出功率，预计输出功率将超过 400 瓦，计划 21 世纪 30 年代初投入使用。

(3) 核热推进开发面临较大挑战

美国对核推进的开发集中在核热推进上，使用核热推进可大大缩短航天器飞往火星的时间。目前，核热推进的发动机系统、推进剂储存和管理系统可充分利用在化学推进上验证过的成熟技术，但反应堆系统的设计开发面临着较大挑战。

1）反应堆设计

反应堆的基本参考设计是以高丰度低浓铀为燃料，采用固体慢化剂块-燃料棒构成的固态堆芯结构。但在2016年之前，美国对核热推进的开发一直是基于高浓铀开展的，仅有少量研究是针对高丰度低浓铀进行的。现缺乏基于高丰度低浓铀设计的核热推进反应堆的实验数据，用于反应堆建模和仿真的各种耐高温材料的数据非常有限，推进剂和核燃料间的相互作用存在着很大的不确定性，需要进行大量的测试工作和长期的实验积累。目前，能源部仍在评估在空间核动力装置中使用高丰度低浓铀的可行性，国家航空航天局格伦研究中心正在研究各种材料在高温条件下的性能，并在开发激光测试平台，用于模拟核燃料和慢化剂间的传热过程。

2021年7月，国家航空航天局资助了三家团队进行核热推进反应堆的概念设计，并论证原型堆建造的可行性，反应堆概念设计的保真度将达到最终设计的30%。

2）核燃料开发

近年来美国尝试过多种核燃料设计方案，目前正在开发的用于核热推进的燃料形式主要包括：包覆燃料颗粒弥散在陶瓷基体中的陶瓷-陶瓷燃料、包覆燃料颗粒弥散在金属基体中的金属-陶瓷燃料、铀-锆-铌三元碳化物燃料与其他颗粒（如氮化铀等）混合的陶瓷-陶瓷固溶体燃料。

金属-陶瓷燃料的参考结构是将氮化铀燃料颗粒弥散在钼-30%钨

金属基体中，颗粒堆积密度为 40%～70%（体积百分比）。相比金属-陶瓷燃料，其余两种燃料在防止基体熔化方面更具优势，但燃料结构尚未确定，技术成熟度较低。

(4) 核电推进技术进展缓慢

新世纪以来，美国对核电推进的投入相对有限，因此整体技术进步较为缓慢。目前，已进行的研究工作主要是针对 100～200 千瓦核电推进系统的，对兆瓦级核电推进系统只进行了初步研究，更加详细的研究设计、反应堆系统开发以及建模和仿真等工作还未开展。

3. 美国谋求空间核动力技术的军事化应用

近年来随着太空在国家安全和发展中的重要性不断上升，美国将太空提升为国家安全优先领域，加快太空力量建设，并谋求建立全面的太空军事优势。

空间核反应堆电源和核热推进能为航天器带来快速灵活机动的优势，使航天器能够更加敏捷地躲避威胁。美太空军正计划未来在地月空间部署航天器，将活动范围从地球轨道扩大到地月空间，并考虑使用核热推进的可能性。目前，美国国防高级研究计划局开展的“地月空间敏捷作战演示验证火箭”项目正在支持核热推进的开发，计划 2025 年在近地轨道演示核热推进系统，向国防部实际展示该技术的能力。

4. 分析

(1) 空间核动力技术作为军民两用技术，对国家安全和科学进步意义重大

空间核动力技术是跨领域尖端技术，也是军民两用技术，其研发

可带来巨大的科学、社会和经济效益。空间核动力技术发展的一系列成果，如反应堆小型化技术、先进核燃料技术、耐高温材料的开发等，将使小型、微型反应堆的研发受益。未来，空间核反应堆电源和核热推进等技术若在太空中成熟应用，将对整个太空环境带来巨大变革。

(2) 改用高丰度低浓铀将给美国空间核动力技术的开发增加不小挑战

空间核动力技术难度大、投入大、研发周期长，还要考虑辐射防护和核安全等问题。美国过去对核反应堆电源、核热推进的研究几乎都是基于高浓铀开展的，但为了响应防扩散政策，现倾向于在空间核动力装置中尽量使用高丰度低浓铀，这一转变给反应堆设计和核燃料开发带来了很大影响，很多成熟技术无法直接应用。目前星表核反应堆电源、核热推进的反应堆设计和核燃料选型均未完全确定，很多技术需要重新开展大量研究，面临较大的技术风险和进度风险。

(3) 美国空间核动力技术的发展在政策上仍存在着一定的不确定性

空间核动力的发展与航天任务的需求息息相关，历史上美国曾开展过多个空间核动力技术发展计划，但由于政府换届、太空任务优先级的调整，这些计划很多都未完成。特朗普执政时对于深空探测及空间核动力的发展大力支持，当前美国的重返月球计划以及空间核动力发展战略、规划基本都是其任期内提出的。拜登政府目前保留了重返月球的计划，但对于空间核动力的发展尚无明确表态。

（中核战略规划研究总院

袁永龙、许春阳）

二十二、美国空间放射性同位素电源应用现状与发展前景

2021年2月18日，携带放射性同位素电源的美国“毅力”号火星车着陆火星表面开始探测活动。几十年来，空间放射性同位素电源已支持美国在太空探索领域不断做出前所未有的全新发现，成为美国保持太空探索领先地位的一项核心技术。近期动向显示，美国正着手提升放射性同位素电源使用频次和水平，提高对未来关键性太空任务的保障能力。

1. 应用现状水平

放射性同位素电源将衰变热转换为电力，给航天器供电，一般可满足几百瓦及以下功率需求。其与常规能源相比，具有不依赖太阳光照、可长时间稳定运行等优势。

美国1961年首次发射放射性同位素电源，迄今已发射28个卫星、深空探测器、月球和火星探测器等航天器，共携带47个电源，实现了很多前所未有的科学发现。

美国发射的空间放射性同位素电源已有7种型号。2011年和2020年两次发射的火星车都携带1个最新型的“多任务放射性同位素电源”(MMRTG)。计划2026年发射的“蜻蜓”号木卫六探测器仍将使用

MMRTG。一个 MMRTG 装有 4.8 千克钚-238 氧化物，利用 PbTe/TAGS（铅-碲/碲-锑-锗-银）温差热电转换，产生大约 110 瓦电力，电源重量 45 千克。

2. 恢复钚-238 产能

美国空间放射性同位素电源都采用钚-238 热源材料。其具有半衰期长、辐射低、功率密度高、氧化物稳定性好等优势，是目前发现的最理想的热源材料。美国钚-238 生产在 20 世纪 90 年代中止，21 世纪初以来库存量日益匮乏，估计目前仅剩十几千克。近年来，美国空间放射性同位素电源的使用受到热源材料钚-238 库存量的约束，使用频率较低。

美国从 2011 年着手恢复钚-238 生产能力，2015 年生产初步启动，目标是 2026 年达到每年 1.5 千克产量。新的生产能力主要由美国能源部下属国家实验室相关科研生产能力组成。目前的生产过程是，橡树岭国家实验室利用爱达荷国家实验室库存的镎-237 原料制造辐照靶件，靶件在橡树岭国家实验室高通量同位素反应堆内辐照产生钚-238。辐照后的靶件在橡树岭国家实验室放射化学工程开发中心的热室和手套箱进行化学处理，得到二氧化钚产品。二氧化钚产品送到洛斯阿拉莫斯国家实验室组装成热源部件。剩余的镎回收再利用。近年来通过工艺技术优化和自动化技术应用，已达到年产量几百克。美国下一步还打算利用爱达荷国家实验室的先进试验反应堆进行靶件照射，补充辐照能力，使生产能力达到目标。

3. 研发新型能量转换技术

继 MMRTG 以来，美国已陆续启动多个研发项目，通过研发新型能量转换技术，开发新型放射性同位素电源。

在静态能量转换方面，美国 2013 年提出利用方钴矿热电转换材料代替 MMRTG 的 PbTe/TAGS 材料的增强型 MMRTG（eMMRTG）设计概念。eMMRTG 的热电转换性能显著提升，其初始功率估计可达 145 瓦，且运行过程中性能衰减减缓。到 2020 年，美国喷气推进实验室等研发机构已完成方钴矿热电偶的多轮试制迭代，积累了 1.1 万小时以上的寿期测试数据。

在动态能量转换技术方面，美国 21 世纪初以来研发斯特林能量转换技术取得显著进展，2003—2005 年间制成多个 55 瓦的 TDC（技术示范转换器）屈曲轴承斯特林转换器样机，单机运行时间已累积 14 年。2007—2015 年制成多个 80 瓦的 ASC（先进斯特林转换器）气体轴承斯特林转换器样机，单机运行时间累积 10 多年。2016 年以来，美国国家航空航天局又投资三家企业研制三种新型动态能量转换器，包括两种斯特林能量转换装置和一种布雷顿能量转换装置。三种新装置单机设计输出电功率 237～319 瓦，效率 21%～24%，在 2020 年进入样机制造与测试阶段。

4. 改革发射审批程序

美国过去针对空间放射性同位素电源发射采用一套 20 世纪 70 年代末制定的审批流程，涉及 NASA、能源部、国防部、环保局等多个政府机构以及多项安全分析与评估工作。该流程存在耗时长、成本高等明显问题，成为空间放射性同位素电源应用的又一瓶颈。发射任务至少要在发射前 3.5 年完成初步安全分析报告，期间开展相关分析与实验的成本可达数千万美元，审批流程在时间和预算上都给太空任务的规划增加了不确定性。

2019 年 8 月 20 日，美国政府发布《装有空间核系统的航天器的发射》总统备忘录，针对存在问题，更新了对装备核动力系统的航天器进行发射审批的流程与相关要求。新政策通过确立明确的安全指导方针，按照放射性危险性的大小和任务发起机构性质，将发射审批权力归属到不同的权力人，理顺了所需开展的安全分析与评估工作，规定了独立评估机构，从而在确保安全的同时，简化了必要的工作内容。

5. 前景

2020 年年底，美国政府发布《有关空间核电源与核推进的国家战略总统备忘录》，其中提出了保障放射性热源材料供应，并在 2030 年至少开发一种具有更高燃料效率、比能量、运行寿命的下一代放射性同位素电源的目标。这表明，美国未来在放射性同位素电源应用的数量和技术水平上，都可上一个台阶，扩大对关键探索任务的支持能力，促进全新的科学发现。

（中核战略规划研究总院
许春阳）

二十三、美国月面反应堆电源项目征集方案

美国国家航空航天局（NASA）和能源部 2021 年 11 月 20 日公布了月面反应堆电源项目的方案征集信息，将在 2022 年年初选择企业签署合同，启动研制方案规划和工程设计，随后在 2023 年以后再次招标，进入硬件研制阶段。

1. 美国推动载人航天发展的又一重大里程碑

月面反应堆电源是美国近年来推动载人太空探索、提升载人航天任务能力的一项重大举措。美国 21 世纪初以来的每一届政府都申明了发展载人登上月球、火星的远景目标，直到特朗普政府执政，启动了“阿尔忒弥斯”载人登月计划，并逐渐确定了 2024 年为登月目标的时间，载人航天计划进入大规模的实质发展阶段。

核反应堆电源具有不受太阳光照影响、能量密度高等优势。美国过去载人太空计划的规划中，一直将反应堆电源作为月球、火星等星体表面基地能源供应的不二之选。在“阿尔忒弥斯”计划背景下，NASA 在 2019 年正式确定了 2026 年运行月面反应堆电源的设想。时任总统特朗普 2020 年 12 月 16 日签署《有关空间核电源与核推进的国家战略总统备忘录》（《备忘录》）又将月面反应堆电源列为空间核系统的四项发展目标之一，示范运行时间调整到 2027 年。

美国的月面反应堆电源将是人类向太空中发射的最大功率的核反应堆，其用途包括支持宇航员生活和作业外，还将用于借助就地资源生产航天器推进剂等，将大幅提升任务能力，开创载人航天的全新局面。

2. 新项目的实施方案和预期前景

NASA 和能源部此次向工业界发布方案征集信息，是近几年月面反应堆电源项目筹备工作的延续，表明月面反应堆电源项目即将进入实质研发阶段。在此前，NASA 和能源部已在 2020 年完成了可行性研究，明确了月面反应堆电源的顶层关键需求，提出了参考设计，还在 2020 年通过提案征询草案征询了工业界意见。

此次征集方案提出的指标和目标为，寿期末电功率 40 千瓦，在月球环境下连续运行至少 10 年，能耐受发射和着陆的结构负荷，在月球表面 1 千米远处超出本底的辐照水平在 5 雷姆/年以内，折叠后可装入直径 4 米、长 6 米的圆柱体空间内，总质量不超过 6 吨，可多次自动启动和关闭，可支持 0%～100%功率范围的用户负载，单点故障最小化并在发生故障后至少提供 5 千瓦电力输出，可在着陆器上运行或移动到其他地点运行。

拟定的计划为，第一阶段将选择多家企业签署合同，设计工作为期 1 年，最终完成一套详实的设计文件包，其具备充实的工程内容，对地面样机（FSP-QU）如何完成设计、制造、测试的相关技术、进度、费用有高度可信的规划，提出地面样机试验方案，制定飞行样机（FSP-FS）的硬件开发计划，明确硬件制造所采用的核设施和材料。

第二阶段是地面样机和飞行样机研制阶段，在第一阶段完成后再次通过方案征集，选择技术优势、价格合理的最佳企业，在 2028 年 12 月以前交付一台地面样机和一台经过鉴定的飞行样机硬件。

3. 分析解读

(1) 反应堆电源将大幅扩展美国太空任务能力

美国空间核动力使用历史长，但主要限于放射性同位素电源，迄今已在 28 个航天器装备了 47 个放射性同位素电源，输出功率都不超过几百瓦，支持了深空探测、火星和月球表面探测、人造卫星等，是美国太空探测的核心技术之一。

美国空间核反应堆电源尽管历史上开发经验丰富，但实际仅发射一次，即 1965 年发射的搭载在一枚人造卫星上的 SNAP-10A，其电功率仅有 500 瓦，运行了 43 天。此次研制月面反应堆电源，将是全世界首次将几十千瓦的核能装置用于太空领域，将开辟一系列全新的太空作业类型，占领新的太空技术制高点，开辟人类持久开发和利用深空的新时代。

40 千瓦月面反应堆电源研制成功后，还可支持更大功率反应堆电源的研发，用于核电推进。

(2) 明确输出功率和富集度两项关键技术决策

美国过去规划文件（如 2009 年载人火星探测指导性文件《载人探索火星设计参考架构 5.0 版》）一直将星球表面反应堆电源功率需求设定为 40 千瓦，包括宇航员居住点 12 千瓦和生产推进剂 25 千瓦。但近期为了加快推动，结合 2018 年 Kilopower 反应堆电源研制情况，也提出过先发展 10 千瓦甚至更小功率电源的打算。2020 年《备忘录》曾提出了首先开发 10 千瓦月面反应堆电源，未来再扩展到 40 千瓦的目标。而此次方案征集仍将目标功率设定为 40 千瓦，表明 NASA 采取了集中资源对接需求、降低后续开发风险的策略。

为支持美国政府长期以来的防扩散政策，NASA 近年来逐渐明确空间核动力领域使用低浓铀，避免使用可用于核武器的高浓铀。美国

2020 年《备忘录》正式确定了这一政策，指出，高浓铀的使用应仅限于用其他核燃料或非核电源无法实现的任务。然而，美国历史上的空间反应堆电源研发项目为了尽可能减小电源的尺寸重量，几乎都采用高浓铀。对于几十千瓦较小功率的反应堆电源，如果直接换用低浓铀，就需要加大堆芯体积弥补易裂变材料装量损失，反应堆也要采取全新设计提高中子利用率，给研发增加了难度。此次方案征集不要求提案设计采用低浓铀，但是依据上述《备忘录》文件，提出如果使用高浓铀，必须附有技术上的合理化证明，表明 NASA 期望降低新设计相关的技术风险，确保项目成功。

(3) 发射时间比原定推迟

飞行样机交付时间为 2028 年 12 月，表明发射时间最早为 2028 年年底，又比《备忘录》确定的 2027 年目标延后了 1 年。空间反应堆电源研制需要攻克关键材料和设备等、完成地面样机热试验验证技术方案和运行安全性、完成安全分析等工作，最后通过发射审批程序获得批准。作为多年来的首个发射的空间反应堆电源，相关方面一直认为原定的 2027 年目标是一个比较激进的进度。

(4) 这是美国 21 世纪以来第三个星表反应堆电源项目

21 世纪初小布什政府提出载人航天计划以来，NASA 已经两次开展反应堆电源项目。2006 年启动的星表反应堆电源（FSP）项目，采用二氧化铀燃料、钠钾合金冷却、不锈钢结构材料、斯特林能量转换的方案，在 2016 年开展非核集成演示验证后项目结束，虽达到基本要求，但发现了斯特林转换器设计缺陷等问题。Kilopower 反应堆电源采取铀钼合金燃料、热管传热、能量斯特林转换的方案，在 2012 年通过原理验证，2015 年到 2018 年开展技术攻关并完成了地面样机带核试验后，曾一度被 NASA 作为月面反应堆电源方案，但设计功率偏低（1～10 千瓦）且使用了高浓铀燃料。

此次启动的新项目，鉴于周期紧迫，预计仍将采用热管反应堆、斯特林能量转换等进行过相关验证、成熟度较高的技术方案。

4. 小结

美国在空间核动力领域，目前主要利用功率几百瓦的放射性同位素电源支持深空探测。在载人登月计划背景下，新的 40 千瓦月面反应堆电源项目即将启动，计划是 2022 年开始方案规划和工程设计，2023 年以后进入硬件研制，2028 年年底以后发射，将大幅提升美国太空任务能力，开创载人航天的全新局面，并为空间反应堆电源的后续发展和应用奠定基础。鉴于周期紧迫，预计该项目可能将采用热管反应堆、斯特林能量转换等进行过相关验证、成熟度较高的技术方案。

（中核战略规划研究总院

许春阳）

二十四、美国艾尔森空军基地拟于2027年建成固定式微堆

美国空军2021年10月15日宣布，将于2027年在阿拉斯加州的艾尔森空军基地建成装机容量为1000～5000千瓦的固定式微堆，作为在国内军事基地部署的试点项目。

1. 固定式微堆可以保障军事基地能源供应

美国军方目前并行发展移动式和固定式两种微型反应堆技术。在移动式微堆方面，国防部战略能力办公室已在2019年启动“贝利”计划，主要为了满足国外前沿作战基地的能源需求。美国空军此次选址建设的将是一座固定式微型反应堆，主要用于保障国内军事基地的能源供应。

美国防部的国内设施超过500个，能源消耗量占联邦政府能源消耗总量的20%以上。目前，美国军事基地几乎完全依赖外部电网供电，可能因各种威胁造成长时间供电中断，从而导致关键任务面临长期断电威胁。备用电源通常以柴电机组为基础，现场的燃料储备有限。美国国防科学委员会国防部能源战略特别工作组的研究认为：“关键国家安全和国土保卫任务面临的因电网故障导致长时间断电的风险高得不可接受。”

固定式微堆的六个特点可加强军事基地能源保障并满足其他方面需求：一是可以一年 365 天、每周 7 天、每天 24 小时连续运行，并且可不换料连续运行数年；二是设计上具有应对严重自然灾害、恐怖攻击、网络威胁的特征；三是可不依赖外部电力供应自启动、以负荷跟踪方式运行；四是可用于海水淡化、制氢等；五是满足先进计算、大数据分析、人工智能、机器人、定向能技术等先进技术应用的能源需求；六是零碳排放。

2. 艾尔森基地微堆将采用商业模式建设运行

美《2019 财年国防授权法》要求国防部为满足军事基地能源需求启动固定式微堆选址工作。美国空军在 2021 年 10 月 15 日宣布选定阿拉斯加州的艾尔森空军基地作为厂址，拟于 2022 年 2 月发布招标书，提出对固定式微堆的具体技术要求，并启动供应商选择程序。在根据《国家环境政策法》完成环境影响评价并获得核管会颁发的许可证后，艾尔森基地微堆将于 2025 年启动建设，2027 年建成投运。该堆的建设和运营拟采用商业模式进行。政府将与运营商签署为期 30 年的购电协议。

3. 有多种微堆技术可供选择

移动式微堆在反应堆体积、重量、能量密度和安全防护等方面面临着较高的技术挑战。固定式微堆不需要移动能力，技术难度相对较低，可选择更成熟、成本更低的技术。

美国奥克洛公司、西屋公司、纽斯凯尔电力公司、通用原子能公司、X 能源公司等企业近年来均推出了微堆设计或正在开展相关研究，涉及快堆、热管堆、压水堆、高温气冷堆等多种堆型。其中奥克洛公司的进展最快。

奥克洛公司正在推进名为 Aurora 的微型快堆研发。该设计使用高丰度低浓铀金属燃料，装机容量约为 1500 千瓦，单堆造价在 1000 万美元量级，换料周期为 20 年。奥克洛公司已向核管会提交在爱达荷国家实验室建设和运营 Aurora 首堆的申请。

西屋公司基于空间反应堆技术研发成果，研发了装机容量为 200 千瓦～2.5 万千瓦的热管堆 eVinci。纽斯凯尔电力公司正在基于其 7.7 万千瓦的小型模块化压水堆设计开展 1000 千瓦至 1 万千瓦微堆研究。通用原子能公司正在研发一种可使用标准康乃克斯集装箱运输的 4000 千瓦至 1 万千瓦的微堆。X 能源公司正在推进 X-Battery 微型高温气冷堆研究。

4. 小结

美军曾于 20 世纪五六十年代研发并部署过几座装机容量不超过 10 万千瓦的反应堆。然而受限于当时的技术条件，这些反应堆的造价和运行费用太高，于 20 世纪 70 年代被弃用。近年来，随着技术的不断进步，美国防部将微堆视为颠覆性技术，正在推动两种微堆技术研发：一种是用于满足前沿作战基地能源需求的军用移动式微堆，另一种是用于满足军事基地能源需求的固定式微堆。微堆不但将加强前沿作战基地和军事基地的能源保障，还将推动相关技术的商业化进程，使美国核工业企业在未来的国际市场竞争中拔得头筹。

（中核战略规划研究总院
伍浩松、许春阳）

二十五、美国耐事故燃料技术研究进展

2011 年日本福岛核事故后，美国开始考虑提高轻水堆的事故容错能力，并于 2012 年启动耐事故燃料研发计划，目标是在 2022 年前将耐事故燃料先导试验棒和组件（LTR/LTA）安装到商用反应堆中。截至 2021 年年初，美国已实现全球首个包含燃料芯块和包壳在内的标准长度燃料组件的燃料循环，并首次为沸水堆交付增强型耐事故燃料棒原型。下一步，美国将进一步强化耐事故燃料的商业制造能力，并将耐事故燃料逐步应用于现有轻水堆。

1. 耐事故燃料的概念及优势

耐事故燃料（Accident tolerant Fuel，ATF）的定义是：与标准二氧化铀-锆（UO_2-Zr）燃料体系相比较，能够在相当长一段时间内容忍堆芯失水事故，并且在正常运行工况下维持或提高燃料的性能。目前 UO_2-Zr 体系在事故工况下存在的问题，主要包括包壳内外侧的氧化、包壳鼓包和爆裂、共熔反应、燃料的移位和扩散以及燃料棒的熔化等多个方面。为了改善这些行为，耐事故燃料主要考虑优化四个关键的性能特征来提高燃料棒的安全裕量，即降低包壳与蒸汽的反应速率、降低氢气的产生速率、提高包壳的力学性能以及提高燃料包容裂变产物的能力。耐事故燃料最重要的两个理念是：①提高燃料的导热性能来降低燃料的温度；②减小包壳水侧以及与蒸汽的氧化反应速率。

2. 美国耐事故燃料研制计划

美国耐事故燃料计划由美国能源部主导和出资，研发机构包括西屋公司、通用原子公司、法马通公司、橡树岭国家实验室、爱达荷国家实验室、洛斯阿拉莫斯国家实验室、阿贡国家实验室、桑迪亚国家实验室、布鲁克海文国家实验室、劳伦斯伯克利国家实验室、太平洋西北国家实验室、麻省理工学院等。研究重点主要包括：高热导率燃料、硅化铀（U_3Si_2）芯块燃料、全陶瓷微囊燃料（FCM-UO_2、FCM-UN）、强化 UO_2芯块以及复合燃料。重点考虑的包壳材料包括涂层锆合金、高级钼合金、高级钢、铁铬合金、改性锆基包壳、包壳用陶瓷涂层以及 SiC 包壳等。

耐事故燃料计划的目标是在 2022 年前在商用压水堆中对试验燃料棒或燃料组件进行性能示范，同时将碳化硅（SiC）包壳、带涂层锆包壳以及燃料芯块为 U_3Si_2 的耐事故燃料先导试验棒和组件安装到商用反应堆中。为实现轻水堆用增强型耐事故燃料的开发和商业化，美国能源部将该工作分为 3 阶段进行。

第一阶段（2012—2016 财年）主要进行小规模和现象学测试以获得可行性评估所需数据。测试包括制备样品的表征、包壳材料的高温蒸汽试验、燃料包壳的辐照测试、蒸汽试验前后包壳和燃料材料的机械和化学性能试验、样品辐照试验以及相关的辐照后检验（PIE）。此外，该阶段还使用燃料性能代码对各种燃料和包壳性能或模型进行分析评估，确保其可用性。

第二阶段（2016—2022 财年）会将制造工艺扩大至工业规模，同时进行先导试验棒和组件制造。如果装配设计与目前使用的二氧化铀-锆合金组件区别很大，则可能对整个组件进行测试。反之，则将几个

LTR 并入二氧化铀-锆合金组件进行测试。试验堆测试涵盖制造变量、温度以及线性热耗率限制。鉴定过程包括燃料性能、辐照后检验以及燃料性能代码开发。上述测试结果将建成数据库。2018—2020 财年期间，进行未经辐照和辐照小棒的瞬态试验以确定燃料失效模式和失效裕度。2020 财年，完善商业堆辐照的安全基础，同时完成 LTA 的辐照测试和后续辐照后检验示范工作。

第三阶段（2022 财年—）为商业化阶段，该阶段将进一步强化商业制造能力，并逐步将耐事故燃料应用于现有轻水反应堆。

3. 美国耐事故燃料研究进展

美国核管会将耐事故燃料分为近期和长期概念。近期 ATF 概念指可依靠现有数据、模型和方法进行改进的燃料概念，所需的额外数据有限。长期 ATF 概念则需要开发大量新数据、模型和方法。

商用堆近期 ATF 概念包括：高级不锈钢包壳耐事故燃料、在 UO_2中掺杂氧化铬（Cr_2O_3）和氧化铝（Al_2O_3）的耐事故燃料，以及涂有铬的传统锆合金包壳燃料。这些燃料主要是对包壳的改进，因为在严重事故下，包壳的安全性起着重要作用。长期燃料概念包括：碳化硅（SiC）包壳燃料、高密度硅化物燃料、高密度氮化物燃料以及金属燃料（特别是锆含量接近 50%的铀锆合金燃料）。

（1）西屋公司

近期，西屋公司正在推进 ADOPT™ 燃料和镀铬锆包壳的硅化铀（U_3Si_2）燃料的商业化。长期方面，该公司正在开发 EnCore® 燃料，该燃料包括 U_3Si_2芯块-SiC/SiC 复合包壳燃料和 UN 芯块燃料等多种设计。该公司的包壳已在麻省理工学院反应堆中进行了测试，U_3Si_2燃料芯块已在西屋公司和爱达荷国家实验室的先进试验堆（ATR）分别完成测试。

LTR 方面，2019 年 4 月，12 根镀铬 ZIRLO 包壳和标准 UO_2 燃料、4 根带标准包壳和分段 U_3Si_2 料棒以及 4 根镀铬 ZIRLO 包壳和 ADOPT™ 燃料在拜伦核电厂 2 号机组完成安装。下一步，西屋公司计划 2022 年对镀铬 ADOPT™ 包壳、UO_2 燃料、U_3Si_2 燃料以及 SiC 包壳 U_3Si_2 燃料进行先导试验组件辐照测试。

(2) 法马通公司

法马通公司正在推进的两种商业化燃料分别为镀铬锆合金包层（M5）的 Cr_2O_3 掺混 UO_2 燃料以及 SiC/SiC 复合包壳的 Cr_2O_3 掺混 UO_2 燃料。镀铬 M5 的包壳已在瑞士戈斯根核电厂和橡树岭实验室完成测试，镀铬 M5 包壳和 Cr_2O_3 掺混的 UO_2 燃料已在 ATR 和挪威哈尔登研究堆完成测试。

2019 年，镀铬 M5 燃料和 Cr_2O_3 掺混的 UO_2 燃料共 16 根燃料棒在沃格特勒 2 号机组完成安装。32 根镀铬 LTR 在阿肯色核电厂 1 号机组进行了安装。法马通计划 2021 年在卡尔浮悬岩核电厂安装 2 根 M5 包壳和 Cr_2O_3 掺混的 UO_2 燃料棒，此外，法马通还计划 2022 年进行 SiC/SiC 复合包壳和 Cr_2O_3 掺杂 UO_2 燃料的 LTR 测试。

(3) 全球核燃料公司

全球核燃料公司正在与通用电气公司合作推进 ARMOR 和 IronClad 燃料的商业化进程。ARMOR 燃料包括 UO_2 燃料和涂层锆合金包壳，其耐磨性、抗氧化性更高。IronClad 燃料的包壳为 FeCrAl 合金。

ARMOR 和 IronClad 燃料都在 ATR 完成了测试。2020 年 2 月，ARMOR 和 IronClad 的测试用分段燃料棒在佐治亚州哈奇核电厂完成辐照测试。ARMOR 和 3 种 IronClad 包壳棒已在克林顿核电厂完成安装。

(4) 橡树岭国家实验室

橡树岭国家实验室正在研究和开发锆基涂层包壳、FeCrAl 包壳和

SiC/SiC 复合包壳。实验室研究了市面上 FeCrAl 合金（Kanthal APMT、合金 33）的高温蒸汽抗氧化性，同时对新型 FeCrAl 合金的铬和铝含量进行了优化。近年来，橡树岭将继续研究辐照对 FeCrAl 合金力学性能的影响。

2018 年 2 月，由橡树岭实验室开发、全球核燃料公司制造的 C26M 先导试验组件在佐治亚州哈奇核电厂 1 号机组完成安装，该组件于 2020 年 2 月取出，其他棒料将进行第二次辐照循环。该实验室还将进行辐照后检验、重构和堆外测试。

(5) 爱达荷国家实验室

爱达荷国家实验室的 ATR 正在开展两种辐照试验，分别在 ATR 反射区（ATF-1 试验）和压水堆条件下（ATF-2 试验）测试燃料棒性能。瞬态反应堆试验（TREAT）设施中的瞬态试验也将用于 ATF 燃料开发。

4. 商用进展及未来发展方向

2018 年 3 月，美国佐治亚州哈奇核电厂 1 号机组安装了耐事故燃料测试组件并重启运行，这是耐事故燃料在商用反应堆中的首次安装。同年 9 月，法国法马通公司向美国 Entergy 能源公司的阿肯色核电厂 1 号机组供应并安装镀铬燃料棒，标志着耐事故燃料在核电厂机组的首次使用。

2019 年 4 月，美国乔治亚州沃格特勒核电厂 2 号机组在安装 GAI-A 燃料组件后重启运行，该燃料组件是全球首个完整、燃料满载、全尺寸测试的耐事故燃料组件，由法马通公司制造，于 2019 年 1 月完成交付。该燃料的 M5 锆合金包壳上镀有铬涂层，既可提高燃料组件的高温抗氧化性能，又可减少失水事故期间的氢气生成量。2019 年 9 月，美国拜伦核电厂 2 号机组安装了西屋公司的 EnCore 耐事故核燃料，这是 EnCore 燃料棒组件首次在商用堆完成安装。该测试组件包含增强抗氧化和耐腐蚀能力的镀铬锆合金包壳、改进燃料经济性的高密度 ADOPT™ 芯块，以及硅化铀芯块，可以显著提高核燃料的安全性，并可以提高核电厂运行的经济性。

2020 年 2 月，佐治亚州哈奇核电厂 1 号机组的耐事故燃料完成了 24 个月的燃料循环，并开始对 IronClad 和 ARMOR 两种 LTR 的样本进行测试。IronClad 组件包壳材料是铁-铬-铝材料，在一系列条件下具有抗氧化性和极好的材料性能。ARMOR 组件是在标准锆燃料棒包壳上增加了涂层，其抗氧化性更高。

2020 年 9 月，西屋公司的西班牙 ENUSA 分公司在比利时多伊尔核电厂 4 号机组安装了 EnCore 耐事故核燃料的先导测试组件。这是 EnCore 耐事故核燃料组件作为在全球第二次、在欧洲首次实现在商用核电厂成功安装。西屋公司提供了二氧化铀粉末和部件，ENUSA 公司提供的是二氧化铀颗粒、燃料组装和运输。

2021 年 2 月，乔治亚州沃格特勒核电厂 2 号机组的 GAIA 燃料组件完成了为期 18 个月燃料循环示范，这是全球首个包含燃料芯块和包壳的标准长度核燃料组件完成的燃料循环。未来，此批燃料组件还将经历两次为期 18 个月的燃料循环，并在结束后进行详细检查和测量。2021 年 3 月，法马通公司为美国蒙蒂塞洛核电厂提供增强型耐事故燃料，这是法马通首次为沸水堆交付增强型耐事故燃料棒原型。

2022 财年，美国将进一步强化耐事故燃料的商业制造能力，并将现有轻水堆的燃料逐渐过渡到新型耐事故燃料。

5. 小结

耐事故燃料与标准 UO_2-Zr 燃料体系相比较，能够在相当长一段时间内容忍堆芯失水事故，并且在正常运行工况下维持或提高燃料的性能。美国耐事故燃料计划由美国能源部主导和出资，目标是在2022年前将SiC包壳、带涂层锆包壳以及U_3Si_2芯块的耐事故燃料先导试验棒和组件安装到商用反应堆中。目前美国已实现全球首个包含燃料芯块和包壳的标准长度核燃料组件的燃料循环，并首次为沸水堆交付增强型耐事故燃料棒原型。下一步，美国将进一步强化耐事故燃料的商业制造能力，并将现有轻水堆的燃料逐渐过渡到新型耐事故燃料。

（中核战略规划研究总院

李晓洁）

二十六、美国积极发展TRISO燃料满足军用微堆、空间堆燃料需求

三元结构各向同性（TRISO）燃料是美国下一代反应堆技术的主要燃料形式和研发方向之一。为满足军用微堆和空间堆的燃料需求，美国正在积极研发生产TRISO燃料。

1. TRISO燃料的优势

TRISO燃料元件可为球形、棱柱形、板形或棒形，主要用于气冷堆和熔盐堆，外层是石墨包壳，内部是弥散在石墨基体中的燃料颗粒。燃料颗粒直径小于1毫米，由核芯（铀-235富集度大多为5%～20%）和四层包覆结构组成，从内到外分别为疏松热解碳层、内致密热解碳层、碳化硅层和外致密热解碳层；石墨包壳提供额外的包容屏障。相对于传统的栅格燃料，TRISO燃料对裂变产物的包容能力更强，包覆层在1800 ℃高温下保持完整，将大多数裂变产物保留在燃料颗粒内部，大幅提高反应堆安全性。反应堆无需配备混凝土和钢结构屏蔽设施，更为小巧轻便，便于拆卸、移动和运输。此外，TRISO燃料可承受较高的辐照损伤和裂变气体压力，因而可达到更高的燃耗深度。爱达荷国家实验室的试验结果表明，TRISO燃料的燃耗可达50～200吉瓦·天/吨重金属，是目前轻水堆燃料可达到燃耗的三倍，有助于延长

反应堆的换料周期。

2. 二十年来美国持续研发

20世纪60年代，美国开始研发TRISO燃料。由于制造成本高昂、能量密度较低，TRISO燃料无法满足当时以经济性为主要目标的大型轻水堆核电厂需求，以及受限于当时的技术水平，这项研究于20世纪90年代搁置。2002年，在布什政府推动核复兴的背景下，美国能源部实施“先进气冷反应堆燃料开发和认证计划”，重新启动TRISO燃料研发，目标是帮助建立国内商用TRISO燃料制造能力，并生成可支持高温气冷堆设计和认证工作的燃料性能数据，近年来每年经费投入为3000万～4000万美元。目前，该计划成功实现了工业规模生产，辐照了超过一百万颗TRISO燃料，进行了大量的辐照后检查和安全测试，燃料质量基本符合所有要求，下一步将实现商业化生产。

为抢占世界核工业未来发展制高点，保存并加强自身领导地位，美国近年来积极推进先进反应堆技术研发。能源部宣布为2020年启动的“先进反应堆示范计划”提供资助，其中前两批7种先进反应堆设计中的4种使用TRISO燃料，分别为X能源公司Xe-100反应堆、BWX技术公司BWXT先进反应堆、Kairos动力公司Herrmes反应堆和西屋公司eVinci反应堆。

美国共有三家公司正在研发生产TRISO燃料：BWX技术公司已恢复生产线并扩大产能，去年为能源部生产少量燃料，计划2021年年底为国防部和国家航空航天局生产首批燃料；X能源公司已成立TRISO-X全资子公司，为下一代核能市场开发专用的TRISO燃料，计划2025年建成第一座商用TRISO燃料设施；超安核技术公司已启用生产厂房，2021年首次生产出全陶瓷微封装燃料（下一代TRISO燃料），正在进行辐照试验。这三家公司还在设计开发相应的先进反应堆，具有从反应堆到燃料的全配套工艺流程，可加快相关技术的优化和应用。

3. 美国国防部和国家航空航天局提出明确燃料需求

为保障偏远基地和前沿作战基地的电力供应，美国国防部正在开发军用微型可移动核反应堆电源的原型堆，2021年3月选择BWX技术公司和X能源公司继续开展设计工作，这两种设计均使用TRISO燃料。2022年年初完成设计审查和环境分析后，国防部可能会选择其中一家公司的设计来建设和示范原型堆。国防部认为，TRISO燃料是成功开发军用微型可移动核反应堆电源的关键因素。

美国视空间为优先战略领域，正在积极推进空间核动力技术发展与能力建设。2020年8月，美国国家航空航天局征集了四种核热推进系统的初步反应堆概念设计，分别来自BWX技术公司、通用原子公司、超安全核公司和X能源公司，经审核组评估均符合要求。按照国家航空航天局在行业招标时的规定，这四种核热推进反应堆均将使用高丰度低浓铀TRISO燃料。2021年7月，国家航空航天局和能源部与前三家公司签署合同，资助其开展深空探测任务的核热推进反应堆概念设计。

4. 小结

TRISO燃料是美国先进核燃料元件重点研发方向之一。多年来，美国能源部持续资助TRISO燃料研发生产，在燃料制造、设计优化、质量控制、辐照试验、辐照后检查等多方面取得重大进展。下一步发展方向为评估燃料性能、提高燃料核芯铀载量、降低生产成本等，为今后TRISO燃料的广泛应用奠定基础。TRISO燃料采用多重防御策略和非能动安全设计，大幅提高反应堆安全性和机动性，并延长反应堆换料时间，可用于军用微堆、空间堆等特种动力堆和先进反应堆。TRISO 燃料相比于传统燃料更加适用于下一代核电技术，有助于美国振兴核工业，重回世界先进核能领导地位。

（中核战略规划研究总院
高寒雨、袁永龙、李晓洁）

二十七、美国着力构建一体化高丰度低浓铀供应链

高丰度低浓铀（HALEU）可用于军用和民用先进反应堆，受到美能源部的高度关注。2021 年 1 月，能源部核能办公室发布《战略愿景》文件，提出高丰度低浓铀获取计划，打造高丰度低浓铀生产供应体系。此举意在填补国内核燃料供应链缺口，重振核能竞争优势地位。

1. 高丰度低浓铀燃料特点

根据国际原子能机构的定义，高丰度低浓铀是指铀-235 丰度在 5%～19.75%之间的浓缩铀。与传统低浓铀燃料相比，高丰度低浓铀燃料具有许多优点：一是燃料中铀-235 丰度更高，相同性能需求下可缩小反应堆体积，适用于小型模块化反应堆、移动微堆等小体积堆型；二是换料周期更长，可提高燃料循环经济性；三是具有更高的燃耗水平，从而提高燃料利用率；四是放射性废物产生更少，可降低废物处置成本。

2. 美多型先进反应堆拟采用高丰度低浓铀燃料

军用移动微堆。为解决军事基地远距离后勤保障难题，美国防部启动名为“贝利”的军用移动微堆研发计划。“贝利”反应堆可通过卡车、铁路和船舶等方式运输，拟采用高丰度低浓铀燃料。“贝利”计划

第一阶段已于2020年3月启动，为期2年，预计将于2023年年底完成满功率测试，2024年启动户外移动测试。

地月空间敏捷作战演示验证火箭。美国防高级研究计划局2020年披露了“地月空间敏捷作战演示验证火箭”项目，该项目将研制使用高丰度低浓铀燃料的核热推进系统，目前正在开展设计方案起草和发射安全协议制定工作。“地月空间敏捷作战演示验证火箭”预计于2025年首飞。

Aurora微堆。奥克洛公司开发的Aurora微堆是一型快中子堆，电功率2兆瓦，能够为前沿和偏远的军事基地或城镇供电。Aurora微堆也使用高丰度低浓铀燃料，换料周期最高可达20年。

Natrium反应堆。泰拉能源公司开发的Natrium反应堆是一型使用高丰度低浓铀燃料的钠冷快堆，电功率为345兆瓦。Natrium反应堆是美“先进反应堆示范计划”第一批次开发的重点堆型。首堆预计2027年前投运。

eVinci微堆。eVinci微堆由西屋电气公司开发，使用高丰度低浓铀燃料和热管冷却，热功率最高可达15兆瓦，可在偏远地区灵活运行，目标是实现“10年不换料不维护”。eVinci微堆目前已入选“先进反应堆示范计划”第二批次堆型。首堆预计2035年前投运。

3. 多措并举，构建一体化高丰度低浓铀供应链

目前美国没有任何商业设施能够立即生产出高丰度低浓铀。能源部认为，一个可靠的高丰度低浓铀供应链体系至少需要满足以下三个方面的需求：一是在生产方面，需要短期供应和长期供应相结合，满足核工业界各个时期对高丰度低浓铀的需求；二是在材料运输方面，需要根据高丰度低浓铀的材料特性对现有低浓铀运输体系进行全方位改进；三是在燃料制造方面，需要尽快启动高丰度低浓铀燃料制造厂

的建设和许可审批工作。

(1) 利用现有乏燃料库存，保证短期供应

短期供应方面，能源部的高浓铀乏燃料库存是美国目前高丰度低浓铀生产的主要来源，技术路线主要包括电化学处理和混合锆萃取（ZIRCEX）2 种工艺。

电化学处理工艺。该路线使用的乏燃料产自爱达荷国家实验室的 EBR-Ⅱ反应堆，是美国目前高丰度低浓铀的主要供应来源。2000 年以来，能源部已利用该方案生产约 10 吨高丰度低浓铀，这些高丰度低浓铀目前储存在爱达荷国家实验室。根据能源部核能办公室最新颁布的《战略愿景》文件，到 2023 年，美国将利用该方法再生产 5 吨高丰度低浓铀。

混合锆萃取工艺。为提升该工艺技术水平，爱达荷国家实验室正联合阿贡（溶剂萃取）、橡树岭（产品固化）以及太平洋西北国家实验室（废物处置）开展该工艺四分之一规模的示范装置测试工作。

(2) 开展本土铀浓缩技术示范，建立长期供应渠道

高丰度低浓铀生产示范工程也称“民用核浓缩”项目，由能源部委托森图斯能源公司主持开展，预计 2022 年完成。该项目在皮克顿铀浓缩设施安装一套由 16 台 AC-100M 离心机组成的先导级联，生产 200～600 千克铀-235 丰度为 19.75％的高丰度低浓铀，以验证利用美国本土离心机技术生产高丰度低浓铀的能力。示范工程目前进展顺利。

AC-100M 级联离心机由森图斯能源公司在 AC-100 离心机基础上改进而来，将在示范结束后投入商用，届时可满足政府和商业部门对高丰度低浓铀的长期需求。能源部表示，AC-100M 离心机技术已经成熟，是目前唯一自主可控的、可用于高丰度低浓铀生产示范的铀浓缩技术。

(3) 升级或重新设计高丰度低浓铀材料运输容器

目前用于商业核燃料的运输容器（如 30-B 运输容器，一次可运输 2000 千克六氟化铀），主要是针对丰度在 5%以下的低浓铀材料设计的，不适用于高丰度低浓铀材料；而军用高浓铀材料的运输容器容量太小（如 5-B 运输容器，一次可运输 25 千克高浓铀材料），不适用于商业核燃料运输。能源部认为，为保证高丰度低浓铀材料运输，需要对原有的核材料运输体系进行升级完善。

对于丰度超过 10%的高丰度低浓铀材料，短期来看，可以使用 5-B 运输容器；长期来看，需要研发新的专用运输容器。能源部已于 2019 年开始委托爱达荷、橡树岭和太平洋西北国家实验室开展相关工作，目前已完成新型运输容器的可行性分析和临界基准验证，正在进一步细化设计规范。

对于丰度在 5%～10%的高丰度低浓铀材料，需要对现有的 30-B 运输容器进行升级完善，能源部已委托太平洋西北国家实验室开展相关工作。

(4) 积极推进高丰度低浓铀燃料制造工作

高丰度低浓铀燃料独特的芯块和包层结构需要全新的燃料制造工艺。短期供应方面，能源部已完成对爱达荷国家实验室燃料制造设施的环境评估，确认了利用该设施制造少量高丰度低浓铀燃料的可行性与安全性。长期供应方面，2019 年，森图斯能源公司与 X-能源公司签订合作协议，投资建设一座“TRISO-X”燃料制造厂，使用高丰度低浓铀为 X-能源公司制造 TRISO 燃料。另外，巴威公司也宣布将重启 TRISO 燃料生产线，利用高丰度低浓铀制造 TRISO 燃料。

4. 小结

美能源部 2020 年 4 月发布的《恢复美国核能竞争优势——确保美

国国家安全的战略》明确了全面提升核燃料供应能力水平、恢复核能领导地位的决心。基于高丰度低浓铀燃料的优良性能，美国也积极探索其在空间核动力、陆基移动核电源等军事领域的应用。由于国防相关先进反应堆必须使用国产高丰度低浓铀，建立长期稳定的高丰度低浓铀供应链体系，既是美国恢复核能竞争优势的一项重要举措，也是其推动军用核动力实现跨越式、颠覆式发展的重要抓手。

（中核战略规划研究总院

仇若萌、马荣芳、金　花）

二十八、美国推进先进金属燃料研发

金属燃料相比于氧化物燃料更具有经济优势和安全优势。燃料密度大，中子能谱硬，增殖比高；具有高燃耗特性，铀钚锆合金最佳燃耗可达 20%；制造容易、成本更低；乏燃料适于干法后处理，后处理设备结构紧凑，更方便、经济。金属燃料导热更好，具有非能动安全性；在钠冷和铅冷快堆中使用时，由于燃料和冷却剂都是金属，不起化学反应，包壳发生破损后更加安全。

金属燃料为美国多个先进钠冷快堆设计所用，是美国重点研发的先进核燃料。美国积极推进先进金属燃料研发，保障其燃料制造技术的先进性和创新性，其研发和制造技术处于领先地位。

1. 美国数十年来持续研发，技术世界领先

20 世纪四五十年代，金属燃料由于高增殖比被首选为快堆燃料，例如美国的实验增殖堆一号（EBR-Ⅰ）、实验增殖堆二号（EBR-Ⅱ）、费米一号快堆。后因金属燃料辐照后发生严重肿胀导致包壳破裂，国际上逐渐转向氧化物燃料，而美国继续在 EBR-Ⅱ反应堆上进行金属燃料的研发。

在推进钠冷快堆等先进反应堆技术研发和商业应用的背景下，数十年来美国在金属燃料的运行状态、安全性、燃料回收、经济效益等

方面进行了持续改进，使金属燃料逐渐成为研究热点，并推动金属燃料应用。

(1) 美国改进燃料设计，奠定金属燃料应用基础

金属燃料发生肿胀后燃耗受限，只能达到 3%。20 世纪 70 年代后，阿贡国家实验室最先通过改进燃料设计解决了金属燃料肿胀导致燃耗过低的问题，奠定了此后金属燃料设计的基础。

阿贡国家实验室在以下三个方面改进燃料设计，并在 EBR-Ⅱ反应堆中进行辐照验证，使金属燃料在快堆中代替氧化物燃料具有可行性。设计改进包括：在金属燃料芯块和包壳之间填充液态钠进行传热；燃料棒上端留更大空腔，收集辐照产生放射性气体以及液态钠；在铀钚合金中加入锆解决钚与包壳中铁形成低熔点共熔合金的问题。

在金属燃料的研发中，美国重点验证了在钠冷快堆中的非能动安全特性，这种特性与金属燃料易于导热、多普勒反应性反馈小密切相关。美国 1986 年 4 月在 EBR-Ⅱ反应堆上进行了安全测试，证明了金属燃料在无保护的失流事故和热阱丧失中的非能动安全性。不需要人为干预，反应堆也能安全自动停堆，不会出现过热事故。

(2) 美国重点关注高燃耗特性开发，完善研发体系建设

美国持续研发改进金属燃料，推进燃耗提升。1994 年 EBR-Ⅱ反应堆关闭时，美国十年间共辐照过 16811 个铀锆合金和 660 个铀钚锆合金燃料棒。其中 D9-奥式体不锈钢包壳的铀钚锆燃料棒燃耗约 18.4%，HT9 马氏体合金包壳的铀钚锆则可以到 19.3%的燃耗。

此后，爱达荷国家实验室和阿贡国家实验室继续在先进试验堆上测试先进金属燃料，重点研究高燃耗特性。2003 年至 2021 年在先进试验堆上进行了 AFC-1、AFC-2、AFC-3、AFC-4 等多个系列金属燃料测试。AFC-1 和 AFC-2 关注了不同组分合金和辐照后组分再分布，完成了测试和辐照后检测。AFC-3 和 AFC-4 的辐照试验和辐照后检测正在

进行中。试验重点关注了高燃耗特性，分别研究了：降低涂层密度，以适应燃耗增加后燃料预期更大的肿胀；采用环形结构，这种几何结构在低涂层密度时具有更好的几何稳定性，同时降低对填充金属钠的依赖；添加少量钯、铟等合金元素用以降低金属燃料内镧系裂变产物的迁移，防止其输运至包壳导致燃料-包壳化学相互作用。其中，添加元素减轻镧系裂变产物迁移、降低其与包壳化学相互作用，提高燃料燃耗的特性尤其被关注。

美国在金属燃料研发过程中，不断完善研发体系，开发了辐照前数值模拟及检测、辐照试验以及辐照后检测的检测手段，全方位保障先进金属燃料研发。在模拟技术上，洛斯阿拉莫斯国家实验室、阿贡国家实验室、爱达荷国家实验室基于 EBR-Ⅱ反应堆以及先进试验堆上金属燃料的辐照后检测数据，开发完善了金属燃料的数据模型，并纳入美国燃料设计软件 BISON，有助于对金属燃料特性进行全面模拟分析。同时美国开发了一系列的检测手段进行金属燃料辐照前后的特性表征，通用技术手段如中子成像、伽马扫描、化学分析、燃耗分析等，先进技术如微观结构分析、微量化学分析、相变分析等。美国目前重点研发先进辐照后检测技术，精确表征金属燃料特性，为金属燃料商业化应用助力。

2. 美国推进先进金属燃料商业化应用，保障燃料供应

为了展示在先进反应堆和燃料技术方面的研发能力和创新性、维系并加强在核工业的领导地位，美国积极推进相关先进技术研发，不断完善自身燃料供应能力，保障先进核燃料供应链。

美国积极推动钠冷快堆建设，促进金属燃料商业化应用。金属燃料被多个钠冷快堆设计所使用，例如小型模块堆 Natrium、PRISM、ARC-100 以及微堆 Aurora 等。2021 年 6 月泰拉能源宣布计划在怀俄

明州建造一个 Natrium 示范堆。示范项目还计划建立新的低丰度金属燃料制造设施，制造包括 Natrium 测试组件在内的先进金属燃料。2021 年 10 月先进反应堆概念公司表示 ARC-100 有在望十年内进行部署。奥克洛公司研发的微型钠冷快堆 Aurora 获得许可将在爱达荷国家实验室开始建设。在美国能源部技术商业化基金支持下，奥克洛公司与阿贡国家实验室合作，计划利用 EBR-Ⅱ反应堆的高浓铀乏燃料生产高丰度低浓铀，并制造先进金属燃料。

除在钠冷快堆中应用外，美国光桥公司还设计了用于压水堆的金属燃料。2021 年 10 月光桥公司表示将在美国先进试验堆对其开发的金属燃料材料样品进行辐照测试，现已完成辐照实验的设计工作。下一步制造用于测试的金属燃料材料样品。

3. 小结

先进金属燃料是美国先进核燃料元件重点研发方向之一。美国在 EBR-Ⅱ反应堆上积累了广泛的金属燃料使用经验，在金属燃料研发制造、辐照试验、辐照检测方面成果丰富，技术水平处于国际前列。美国通过国家实验室和私营公司合作的方式持续推进金属燃料研发。下一步除了继续研发高燃耗金属燃料，实现 30%～40%超高燃耗目标外，还将对金属燃料的远程制造以及燃料循环进行测试，为金属燃料的全面应用奠定基础。

（中核战略规划研究总院
肖朝凡、陈亚君、陆　燕）

二十九、俄罗斯构建“二元核能体系”新进展与前景

2021 年度，俄罗斯新型核能领域又取得多项显著进展，包括多年筹备的铅冷快堆正式开工建造、压水堆铀钚混合燃料建成生产能力且先导燃料组件入堆、世界最大规模快中子堆临界台架现代化改造后投入运行等。俄罗斯十年来持续贯彻并不断完善新型核能发展规划，2021 年出台的新版规划文件《发展核能利用领域的科学、技术与工艺》完善和调整了已有规划，构建核能未来发展的全景蓝图。

1. 从“突破”项目到“二元核能体系”——规划未来核能的全景蓝图

2007 年，俄罗斯成立国家原子能公司，全面改革核工业组织结构，推动核工业从苏联解体后的困难形势中复苏，发挥优质国有资产作用，带动国家科技与经济发展。为解决核能可持续发展问题，提升核能发电的技术水平，俄罗斯在 2010 年启动《2010 年—2015 年乃至未来 2020 年前的新一代核能技术》联邦目标计划，其中重点内容又称“突破”项目，着力加快发展快堆与闭合燃料循环的技术与能力。这一计划实际实施到 2019 年，因经济、技术等因素，特别是 2015 年出现经济大滑坡导致此后多年投资额度显著下降，许多发展目标虽未按期实现，但仍取得了显著进展。

2017 年左右，俄罗斯又在已有的基础上，提出把快堆和热堆以及闭合燃料循环纳入统一的核能体系下，形成了“二元核能体系”的方案，作为新型核能的大蓝图。俄罗斯在 2019 年“突破”项目结束之际，把原有计划进行补充调整，推出《发展闭合燃料循环的二元核能技术》和《开发先进能源体系的新材料和新技术》等新规划，2021 年调整为《发展核能利用领域的科学、技术与工艺》计划，将实施到 2027 年，继续推动各种新型核能技术、能力的实现。

2. 二元核能体系的内涵和预期效果

俄罗斯一直采取闭合燃料循环的核能政策，目前核能发电体系已实现了乏燃料的部分回收利用。压水堆乏燃料中回收的铀重新利用，在快堆中利用 MOX 燃料也初步实现，乏燃料回收利用率大约 23%。

新的二元核能体系包括四个部分，热堆、快堆、乏燃料后处理设施、燃料制造设施，实现热堆和快堆互相结合的闭合燃料循环。其关键是，热堆乏燃料回收的钚和次锕系元素（镎、镅、锔）在快堆中多次循环消耗掉，快堆乏燃料中回收的“干净的”钚（不含次锕系元素）又在热堆中循环利用。根据核燃料平衡的需要，热堆数量应为快堆的两倍以上。

由于铀钚燃料通过热堆和快堆不断循环，全部乏燃料都进行后处理，次锕系元素也在快堆中消耗掉，乏燃料重量比的 98.5%实现重新利用，天然铀需求减少 30%，玻璃固化的高放废物减少 75%，且高放废物衰变周期从上万年缩短到三百年，乏燃料中的铯、锶、锝也作为有用核素回收。

3. 进展和前景

实现二元核能体系的核心是快堆商用化以及闭合燃料循环技术发

展和能力建设。俄罗斯钠冷快堆和快堆 MOX 燃料原本已有几十年的发展历史。2010 年以来在“突破”项目推动下，多项新能力和新技术又取得显著进展。提出“二元核能体系”以来，后续发展方向也逐渐明确。

（1）反应堆

钠冷快堆。现有两座商用规模钠冷快堆 BN-600 和 BN-800 都位于别洛亚尔斯克核电厂。其中 BN-800 可以使用 MOX 燃料，支持闭合燃料循环。BN-800 在 2016 年并网发电，多次换料后，2022 年年初已有 60％燃料为 MOX，未来还将全部换为 MOX，每年可消耗 1.84 吨钚，相当于 190 吨热堆乏燃料。

铅冷快堆。BREST-OD-300 铅冷快堆是“突破”项目的发展重点，经多年设计研发，终于在 2021 年 6 月开始在西伯利亚化学联合企业建造，将与配套的后处理和燃料制造设施共同构成一座“中试示范能源综合体”。

后续目标还包括，更大装机容量的钠冷快堆 BN-1200，最近又发展为 BN-1200M；铅冷快堆 BR-1200；可调中子能谱的压水堆 VVER-S、超临界水堆 VVER-SKD、可烧掉次锕系元素的熔盐堆等。

（2）新型核燃料

快堆 MOX 燃料。在 20 世纪 70 年代以来开展 MOX 燃料研制试验基础上，采矿与化学联合企业 2015 年启动工业规模的 MOX 燃料生产，为 BN-800 生产燃料，全部工艺为远程操作。

热堆 REMIX 燃料。这种燃料从定义上看是一种热堆 MOX 燃料。但其钚含量较低，最高只有 1.5％，不需要改变反应堆设计，可直接在现有压水堆核电厂使用，2021 年已开始先导组件示范运行。俄罗斯在 2021 年还建立了 REMIX 燃料工业生产能力。此前有 6 根实验燃料元件已完成 18 个月的试验运行。2021 年 11 月，巴拉科沃核电厂 1 号机组装入6套全部采用REMIX燃料的燃料组件。

快堆铀钚混合氮化物燃料。这种燃料比MOX燃料增殖比更高、导热性能更好，目前仍在研发阶段，已开展多年的实验燃料组件的堆内辐照试验。西伯利亚化学联合企业建立了实验燃料组件的制造能力，以支持上述研发工作。“中试示范能源综合体”内配套的燃料制造设施已在2020年启动燃料制造设备安装。

（3）后处理

俄罗斯马亚克生产联合企业的RT-1后处理厂可对轻水堆和钠冷快堆的各种乏燃料进行后处理，总处理能力每年400吨，近年来持续进行技术和产能升级。

采矿与化学联合企业正在建立先进水法后处理厂，将主要处理VVER-1000反应堆乏燃料。

西伯利亚化学联合企业的“中试示范能源综合体”将建立配套的铀钚混合氮化物燃料后处理设施，采用高温化学和湿法冶金相结合的工艺，处理能力5吨/年，将在2028年建成，相关技术工艺还在研发阶段。

（4）研发能力

俄罗斯调动了一批反应堆与核燃料循环技术、工艺、设备研发生产机构参与进来，同时着力推动研发能力更新。研发能力建设重点是多功能快中子反应堆（MBIR），将接替1969年开始运行的BOR-60试验快堆，成为下一代快中子堆试验能力。BOR-60延寿告一段落。莱布恩斯基物理与动力工程研究院的世界最大规模快中子堆芯物理研究装置BFS临界台架完成升级改造，在2021年投入运行。原子反应堆研究院正在建立一座多功能放射化学综合体，支持燃料循环技术的开发。

4. 小结

第一，从“突破”项目到“二元核能体系”，俄罗斯建立并不断丰富新型核能发展的国家规划，形成了未来核能的全景蓝图并坚持贯彻。虽然遭遇经济、技术方面的不确定因素而进展滞后，各项工作仍保持了稳步推进，2021 年度又取得了多项重要进展。第二，俄罗斯一边开展多机构全面协作，一边更新一批科研设施，支撑新一代技术发展，特别是新建和更新一批大型研究堆和试验台架，让科研能力跟上科技发展需求。第三，俄罗斯正着力将三个苏联时期建立的军用钚材料生产基地打造为发展新型核能的工业基地，利用其已有基础发展新型反应堆、核燃料循环设施，使老旧核工业产基地焕发新生。

（中核战略规划研究总院
许春阳）

三十、俄罗斯核工业海外经营现状及竞争力分析

当前，俄罗斯核工业海外经营水平全球领先。2020年，俄罗斯国家原子能集团公司（简称“俄原集团”）海外收入较2019年增长3%，达75亿美元，十年期海外订单近1400亿美元。出色的海外经营情况与俄罗斯完备的核工业生产链、积极的政策导向、外交与融资的配套支持、适宜的海外体系架构密不可分。

1. 俄罗斯核工业海外经营现状

（1）核电出口业务世界第一

核电出口是俄罗斯核工业的核心业务之一，也是俄原集团最主要的海外收入来源。2019年，海外核电厂建设收入占俄原集团海外总收入50%，达36亿美元。当前，俄罗斯海外订单共包含36台机组，海外核电厂在建数量世界第一。客户国主要是中欧、东欧及南亚地区国家。俄罗斯正通过长期的能源与核技术合作开拓非洲核电市场。

（2）浓缩铀与核燃料出口国际市场份额领先

浓缩铀出口主要由俄原集团旗下TENEX公司负责，国际铀浓缩市场占有率达38%，位列世界第一。2019年，浓缩铀出口占俄原集团海外总收入24%。近70%的浓缩铀销往美、英、法等拥有成熟核工业体系的发达国家；剩余30%主要销往亚太、中东和非洲国家。

核燃料出口主要由俄原集团旗下 TVEL 燃料公司负责，国际核燃料市场占有率达 17%，位列世界第三。2019 年，核燃料出口占俄原集团海外总收入 12.5%。当前，俄罗斯为全球 70 余个反应堆及少量研究堆供给核燃料，反应堆类型主要为俄设计建造的 VVER 系列堆。同时，俄罗斯正在与法国的法马通公司合作，生产西方压水堆适用的核燃料组件，进军西方核燃料市场。此外，俄罗斯不断推进耐事故核燃料、快堆用铀钚混合氧化物（MOX）燃料的研发与测试，积极布局先进核燃料技术市场。

(3) 大力推动核领域新业务

为进一步扩大海外收入来源，全方位输出本国先进核能技术，俄罗斯正大力推动海外核技术研究中心建设、乏燃料后处理、核设施退役、核医疗、小堆出口等核领域新业务。

核技术方面，俄罗斯已与赞比亚、玻利维亚、乌兹别克斯坦、古巴等国达成建设多用途核技术研究中心协议，推广医疗、农业及工业领域核技术应用，培育未来核能市场。后处理与退役方面，俄能够为核电建设客户国提供乏燃料回收与后处理服务，并将参与多国核电厂退役工作。核医疗方面，俄罗斯是世界最大医用同位素供应商之一，拥有世界近 40%的医用同位素生产装置，客户遍布 30 余个国家 100 多家企业和组织。当前，俄罗斯正通过满足欧洲国家质量标准、向基础设施薄弱国家提供试验用同位素等方式开拓全球市场。小堆方面，俄罗斯计划开展多个小堆项目（装机容量 400 千瓦～5.5 万千瓦），目标是 2026 年底签署第一份小堆出口合同，暂未透露意向国家。

2. 俄罗斯核工业海外经营的竞争力分析

(1) 政策导向：重视顶层谋划，配套外交支持与融资保障

俄罗斯高度重视核工业出口，《2030年能源战略》与《核工业发展纲要》等国家战略均明确提出发展与加强俄核工业出口，极大地推动了俄核工业国际化发展。俄原集团作为俄罗斯“政企合一”的国家集团，通过建立中长期规划响应与落实国家核工业发展战略。2020年4月通过的最新版俄原集团发展战略，将提升国际市场份额列为企业长期目标之一，并设立具体指标：到2030年，海外业务收入将占俄原集团4万亿卢布（约558亿美元）目标收入的一半以上。此外，据俄媒报道，俄原集团正准备向政府提交被称为“新核能计划”的国际业务拓展计划，将大力开拓小堆出口、西方压水堆核燃料出口，目标是：到2030年，国际小堆市场占有率达20%、国际核燃料市场占有率提高至24%。

俄罗斯通过外交支持与融资保障，帮助俄原集团提高市场竞争力、开拓国际市场。核能合作已成为俄罗斯总统普京及政府高级官员在双边、多边国际会谈时的重要议题。俄原集团通过与俄外交部门合作，向全球17个国家与国际组织的俄罗斯使领馆、贸易代表团派驻海外代表，以俄政府名义从政治外交领域开拓海外核能市场。此外，俄罗斯通过俄联邦财政拨款、国家主权财富基金等资金渠道，为核电出口项目提供数额不等的信贷支持。某些项目中，贷款可覆盖核电项目近90%的成本，这对经济欠发达的新兴核电国家吸引力巨大。

(2) 体系架构：设立专业化海外公司，布局全球市场开发网络

为便于核设施等大规模、高附加值产品出口，俄原集团于2011年成立海外公司（ROSATOM OVERSEAS），专门负责海外市场运营。对外，海外公司作为俄罗斯唯一接洽方，向国际客户提出核电机组、

核技术研究中心建设及衍生服务的集成报价，方便客户沟通，有效减少企业内耗及无序竞争；对内，反馈客户要求，协调己方灵活调整项目方案，显著提高了俄罗斯在核设施出口市场的国际竞争力。

此外，俄原集团还拥有专属的国际市场开发网络，包括全球 14 个区域中心与 65 个国家办事处，基本覆盖全球潜在核能进口国家。这些区域中心与国家办事处由 2014 年成立的俄原集团国际网络公司统一管理与运营，负责协助集团各企业、部门在所在国开展业务、建立商业联系；推广俄核能产品与服务；寻找新的商业机会等。

（3）产品服务：自主化程度高，"一站式"服务定位

俄罗斯拥有覆盖铀矿开采与浓缩、核燃料生产、核能机械制造、核电厂设计与建造、乏燃料后处理的核工业全产业链，核能技术自主化程度极高，主要产品与服务出口不依赖第三国。美国等西方国家对俄的持续制裁，对俄核工业出口影响相对较小。核电领域，俄罗斯可提供从设计建造到退役的全寿期服务，以及人员培训、乏燃料回收等衍生服务，能够"一站式"满足客户国对核电项目的所有需求，有效帮助客户国克服核电项目规模大、工程复杂、运行要求高等困难，国际核电市场竞争优势明显。

3. 小结

俄罗斯已成为全球最重要的国际核工业市场参与国、出口国。俄核能出口方式灵活，针对不同国家可提供技术合作、总包建设、融资贷款等多种模式；对于暂无核电建设需求的国家，俄也会长期合作，输出核技术应用培育未来核能市场。这种长远布局的海外开发模式具有一定借鉴意义。

（中核战略规划研究总院　魏可欣、王　树、刘　渊
江苏核电　田　玮）

三十一、俄罗斯新型核动力舰船进入高峰建造期

2021 年 12 月，俄罗斯新交付“北风”A 型核潜艇“奥列格大公”号和“亚森”M 型核潜艇“新西伯利亚”号，表明第四代核潜艇进入全面批量建造交付阶段。2021 年全年新交付核潜艇 3 艘，新下水 2 艘，新建 2 艘。截至 2021 年年底，同时在建的包括 5 艘“北风”A 型核潜艇、5 艘“亚森”M 型、3 艘特种任务核潜艇，达到苏联解体以后的最高峰。首艘新型核动力破冰船“北极”号也在 2020 年年底投入运行，目前同时在建核动力破冰船 4 艘。

1. 舰船核动力主要成就

俄罗斯核动力舰船起步于 20 世纪 50 年代，迄今共建造主战核潜艇 250 多艘、核动力重型导弹巡洋舰 4 艘、核动力水面指挥侦察船 1 艘、大潜深的特种任务核潜艇 7 艘、加装核反应堆辅助电源的实验艇 2 艘、民用核动力破冰船 11 艘等。目前发展重点是新型潜艇核动力和破冰船核动力。

潜艇压水堆核动力已建成四代，运行反应堆 460 多座，积累运行经验超过 1 万堆·年。第一代 1952 年开始研制，装艇 55 艘。第二代 1958 年开始研制，提高紧凑性，优化尺寸重量，提高生存能力和可靠性，提高制造性和维护性，缩短组装时间，装艇 148 艘。第三代 1963

年开始研制，提升堆功率，提高紧凑性，延长换料周期，提高蒸汽发生器功率密度，提高易维修性，装艇 38 艘。第四代 1980 年开始研制，因苏联解体后政治经济因素，21 世纪初才初次装艇。

俄罗斯还建成四代破冰船核动力，累积运行经验 400 堆年。第一代作为首堆验证，仅装备 1 艘。第二代提高紧凑性、安全性和运行寿命，装备了 6 艘。第三代进一步提升安全性，装备 3 艘。第四代重点提高经济性，首艘已建成。

2. 潜艇核动力新动向

“北风” A 级和 “亚森” M 级核潜艇装备第四代压水堆核动力装置。据最新公布信息，第四代与第三代相比，重量减小 23%，尺寸减小 11%，堆芯运行时间达到原来的两倍以上，比功率密度则降低 11%，换料次数减半，首次实现换料与艇体工厂大修同步进行。严重事故下反应堆装置的安全性首次达到了与现代核电厂相当的水平。反应堆的可靠性指标提高 20% ～50%。外因事故下的生存能力也得到提高。核动力装置对潜艇噪声的贡献下降 17%。核动力研制还首次通过超级计算机三维建模，利用数值实验代替全尺寸实体测试。

俄罗斯提出第五代潜艇压水堆核动力发展方向，重点是隐身性提高，达到天然海洋噪声水平，还将大幅提高可靠性、安全性、延长寿命，开发多种功率水平的系列化方案。

3. 破冰船核动力新动向

“北极” 级第四代核动力破冰船装备第四代 RITM-200 核动力装置。其包括 2 座 175 兆瓦的压水堆，功率与第二代和第三代相当，重点提升经济性指标，首次采用了直管直流蒸汽发生器与反应堆一体化布置，重量尺寸最小化，提高自然循环水平，降低泵功率，服役寿命达到 40 年。采用了新的盒式燃料组件，燃料棒为金属间化合物成分和镍铬合金（42KhNM）包壳材料，堆芯运行寿命 7.5 万小时，换料周期从原来的大约 3 年延长到 10～12 年。

俄罗斯正在为下一代“领袖”级破冰船开发 RITM-400 核动力装置，其单堆功率提升到 315 兆瓦，反应堆总体设计上与 RITM-200 相似，蒸汽发生器从 4 台增加到 6 台。堆芯运行寿命 6 万小时，换料周期 10 年。

4. 同步发展核动力换料设备

伴随四代核动力舰艇建造运行，俄罗斯同步发展并不断改进舰船核动力换料设备与相关能力，提高换料作业可靠性与安全性，降低人工劳动量和作业时间，降低人员辐照剂量。

第一代潜艇核动力换料设备共制造 12 套，使用到 1973 年。第二代潜艇核动力换料设备共制造 8 套，已使用 40 多年，完成了 1000 多次堆芯换料，目前仍在使用。第三代潜艇核动力换料共制造 2 套，1987 年使用至今。第四代潜艇核动力换料设备 2011 年完成制造。俄罗斯还制造了军用水面舰船核动力换料设备 2 套。民用核动力破冰船换料设备研制应用三代。针对“北极”级新型核动力破冰船的第四代换料设备也在 2017 年完成制造。

5. 小结

俄罗斯是舰船核动力大国，发展历史近 70 年，实现了一系列水面和水下核动力装备应用，为支持国家核威慑力量、深远海军事任务、北极海域利用与资源开发等发挥了不可替代的作用。俄目前重点发展新型潜艇核动力和破冰船核动力。潜艇核动力重点提升隐身性、安全可靠性，延长堆芯寿命。破冰船核动力重点加大输出功率，并提升制造和运行的经济性。

（中核战略规划研究总院
许春阳）

三十二、英国发布先进燃料循环路线图助推净零排放目标的实现

英国国家核实验室 2021 年 6 月 24 日发布报告《助推净零排放：通往清洁能源未来的先进燃料循环路线图》（简称“路线图”），阐述了核燃料循环产业发展目标，描绘了英国在先进核燃料和后处理两个技术领域的发展路线，目的是强化先进核燃料供应安全，推动核能在清洁能源转型中发挥重要作用，助力净零排放目标的实现。

1. 路线图编制背景

英国已宣布 2050 年碳中和目标，并将核能设定为实现这一目标所需的清洁能源之一。政府 2020 年发布的能源白皮书预计核电装机容量到 2050 年可能会增至目前水平的近 5 倍，达到 4000 万千瓦。为实现能源白皮书的目标，英国正在建设 2 座欧洲压水堆（EPR），将在 2024 年年底前作出其他大堆新建项目的决定，并积极资助小型轻水堆和包括铅冷快堆、高温堆在内的先进反应堆技术研发。此外，政府还将投资 1.7 亿英镑，力促先进反应堆示范堆在 21 世纪 30 年代初建成。

为满足上述核工业发展需求，推进清洁能源转型，英国 2019 年启动先进燃料循环计划。该计划由国家核实验室与商务、能源和产业战略部合作牵头，汇集政府、工业界和学术界等多方力量，探讨如何充

分利用现有能力，推动本国核燃料循环产业成长，支持核工业可持续发展，促进能源结构的清洁化。路线图是该计划的最新研究成果。

2. 先进燃料技术

鉴于未来将发展轻水堆、高温堆和快堆技术，英国将重点研发三种燃料技术，即先进轻水堆燃料、三元结构各向同性（TRISO）燃料和快堆燃料。

在先进轻水堆燃料技术领域，英国将与美国西屋公司开展合作。近期主要推进带有涂层的锆合金包壳燃料技术发展，目标是2025年前建成商业供应能力；中期将重点关注高密度燃料（例如氮化铀）和先进包壳技术（例如碳化硅包壳）的研发，目标是2035年前能够向国内外客户提供成熟产品。

在TRISO燃料技术领域，由于英国计划在21世纪30年代初建成先进反应堆示范堆，且该堆极有可能采用高温堆技术，因此近期目标是建设示范堆的燃料供应能力，然后在此基础上到2035年建成向全球市场供应TRISO燃料的能力。

英国认为快堆是实现闭式燃料循环所需的一项宝贵技术，因此未来将推进快堆燃料技术研发。近期主要针对正在研发的快堆（例如铅冷快堆）开展基于一次通过式燃料循环的铀燃料研究，中长期将推进基于闭式燃料循环的钚燃料研究。路线图设定了2050年前建立快堆燃料商业生产能力目标，并同时指出，应当做好为先进反应堆示范堆供应燃料的准备，因为示范堆可能会选用快堆技术。

3. 先进后处理技术

鉴于实现闭式燃料循环有助于推动核工业的可持续发展，英国未来将关注三种先进后处理技术的研发：一是传统轻水堆燃料后处理技术；二是先进轻水堆燃料后处理技术；三是高温化学后处理技术。

在传统轻水堆燃料后处理技术领域，英国正在积极开展先进普雷克斯工艺研发，目标是改进现有的普雷克斯工艺，使用更小的单循环工艺和更具创新性的技术，简化后处理厂操作，增强防扩散性，增加作业灵活性，并将二次废物产生量降至最低。

在先进轻水堆燃料后处理技术领域，英国将以传统轻水堆燃料后处理技术为基础，针对先进燃料的特性进一步研发专门技术。

高温化学后处理技术主要基于金属电解精炼工艺。英国认为这一技术将成为水法后处理技术的有益补充。在这一领域将开展四方面研究：一是金属的电解精炼技术；二是电解还原技术，目的是将高温化学后处理技术的适用范围扩大到氧化物燃料；三是与先进熔盐堆相关的一些跨领域技术问题；四是尾气捕集以及熔盐的处理和固化。

根据路线图，英国未来可能会采用上述三种技术各建一座商业后处理设施。在 21 世纪 30 年代先后启动三座设施的工艺技术选择决策程序，并在 2050 年前建成这三座设施。

4. 小结

鉴于先进核技术在帮助发电、制氢、供热等领域降低碳排放方面拥有巨大潜力，英国已决定将核能作为未来清洁能源结构不可或缺的组成部分，在开展大堆建设的同时，积极推动小型轻水堆和先进反应堆技术的研发。国家实验室近期发布路线图，明确指出应充分利用英国现有能力，以促进先进燃料技术和后处理技术发展为依托，到 2050 年在包括铀浓缩、燃料制造和后处理在内的多个领域建立强大的本土供应能力，推动英国核能的可持续发展，助力净零排放目标的实现。

（中核战略规划研究总院
伍浩松、戴　定）

三十三、法国“2030 计划”将推动小堆和核能制氢发展

法国总统马克龙 2021 年 10 月 12 日宣布了一项涉及核能、半导体、生物制药、电动汽车、农业等领域投资的“法国 2030”投资计划（简称“2030 计划”）。该计划总投资额为 300 亿欧元，其中明确提出到 2030 年建成一座模块化小堆，并大规模利用核能制氢。

1. 核能创新应用是“2030 计划”的首要目标

“2030 计划”明确了十项将在 2030 年前实现的目标，其中前两项目标分别是建成一座模块化小堆和成为全球绿色氢能领域的领导者。

首先，法国将向核能领域投资 10 亿欧元，目标是到 2030 年建成一座模块化小堆。相关技术研发的关键点在于降低小堆造价、减少放射性废物产生量和提升运行安全性。马克龙指出，政府、研究机构和企业应当通力合作，在充足研发资金的支持下开发这一“颠覆性创新技术”，使法国始终走在核领域的前沿。

其次，法国将大力推动电解制氢技术的发展。“2030 计划”明确指出，这一目标的可行性关键在于法国拥有核能这张“王牌”。鉴于法国核发电量在总发电量中所占比重超过 70%，从电网直接获取电力进行电解制氢是一种零碳制氢方式。到 2030 年，法国将使用电解制氢技

术至少建成 2 座百万千瓦级“超级制氢厂”，以零碳制氢的方式取代化石燃料制氢，进而使法国成为全球绿色氢领域的领导者。

2. 再次重视核能发展的原因

马克龙政府近年来一直致力于遵循 2019 年《能源和气候法》的要求，到 2035 年将核电份额降至 50%。“2030 计划”的发布可能成为法国核能政策的重要转折点。事实上，这一转折并非毫无预兆。2020 年 12 月，马克龙在参观法马通勒克鲁索锻造厂时强调了核电在法国能源、生态、经济、工业乃至战略制订方面的重要影响。分析认为，法国的这种转变可能基于下述五方面因素。

一是推动经济复苏。重振法国工业、推动经济复苏是这项总金额高达 300 亿投资计划的核心目标。鉴于核工业在法国经济领域发挥的重要作用，法国政府认识到，核能发展对推动经济复苏至关重要。**一方面，核电使法国电价保持在相对较低的水平，有利于维持法国的产业竞争力，保障经济平稳运行。**马克龙在参观勒克鲁索锻造厂时提到，核电在能源结构中的高份额使法国的平均电价比邻国低 40%。**另一方面，核工业也直接对法国经济发展产生积极影响。**核工业是法国第三大工业部门，拥有 3000 多家企业，从业人员达 22 万人。2020 年法国核行业相关贸易顺差高达 70 亿欧元。维持甚至进一步加强核技术出口是推动法国政府大力倡导研发先进小堆技术的关键性因素。

二是应对能源危机。在欧洲能源市场上，天然气、电力、石油、煤炭等能源价格近期都出现大幅上涨。天然气价格已创下历史新高。伴随天然气价格上涨，法国电力价格不断攀升，2021 年法国政府已两次提高电力管控价格，电价涨幅约为 2.1%。法国消费者协会近期发布报告称，预计电价到 2022 年 2 月还将上涨近 10%，而政府希望将这一涨幅控制在 4%。法国生态转型部预计法国电力需求到 2035 年将增加 20%。鉴于法国拥有良好的核电基础和核电相对于其他电力技术的优势，法国将继续发展核电视为实现能源供应稳定性与独立性的关键。

三是实现碳减排目标。为应对气候变化，法国承诺在 2015—2030 年间将碳排放量降低 35%，然而截至 2021 年 10 月碳减排量仅为 4%。法国将大规模推广清洁氢能的利用作为降低碳排放的重要抓手，2020 年 9 月法国《国家氢能战略》提出，到 2030 年法国制氢产能需达到 650 万千瓦。由于目前法国制氢电解槽总产能仅为 2000 千瓦，因此为推进上述氢能战略目标的实现，“2030 计划”提出将为 2 个百万千瓦级电解制氢厂的建设提供资金支持。

四是提升核安全水平。福岛核事故后公众对于反应堆安全性的担忧是影响法国核电发展的重要因素。因此，“2030 计划”强调，核安全水平的提升将是法国发展核能的关键。模块化小堆的装机容量更小，固有安全性更高。法国正在研发的 NUWARD 小堆十分重视安全性的提升。一方面，该小堆设计将不使用可溶硼控制反应性，能够简化在正常运行或事故工况下的操作。另一方面，无可溶硼冷却剂将减少小堆产生的废水量，也能够显著减少氚的产生量。此外，在事故工况下，该小堆可在无人为干预情况下进行至少三天的应急余热排出。

五是满足大选需要。“2030 计划”的发布可能还受到法国大选这一政治因素的影响。基于下述两方面原因，推动核能发展是马克龙为半年后大选进行的政治准备。**一方面是需要消除法国电力公司“大力神计划”失败的影响。**应政府此前降低核电比重、大力发展可再生能源的要求，法国电力公司 2019 年提出拟实施“大力神计划”，内容是将核电业务单独拆分出来，100%由国家持有，同时将可再生能源部门私有化。由于面临议会和工会的反对，这项计划于 2021 年 7 月被搁置。马克龙亟需消除这一计划搁浅造成的负面影响。**另一方面，马克龙的主要竞争对手格扎维埃·贝特朗、瓦莱丽·佩克雷斯、埃里克·**

泽默和让·玛丽·勒庞都将加大对核投资、复兴核电作为重要政治主张。

3. 预期影响

(1) 对法国核能发展和经济的影响

首先，将放缓甚至扭转核电比重下降的势头。“2030 计划”显示出法国政府对核态度的变化，明确提出到 2030 年将建成一座小堆，并强调利用法国现有核电基础推进核能制氢。这将使法国降低核电比重的步伐放缓。同时，鉴于多位法国总统候选人将发展核能作为其政治主张，法国核工业在未来几年内或将恢复发展。据《费加罗报》2021 年 10 月 18 日报道，马克龙将在今年圣诞节前宣布新建 6 座欧洲压水堆（EPR）的计划。若这一消息属实，法国核电比重下降的势头可能发生扭转。

其次，将推动法国经济发展。第一，推动核能发展能够提供许多就业岗位，有助于使电价维持在相对较低的水平，进而有效提升法国工业的竞争力。此外，法国可通过出口小堆技术盈利。第二，在全球能源危机的大背景下，推动核能发展有利于提升法国能源供应的稳定性和独立性。第三，对于法国这个核电大国，推进小堆部署与核能制氢是实现脱碳目标的一项必要且效果显著的举措。在“2030 计划”的推动下，卢瓦尔大区议会 10 月 22 日表示，希望建设一座小堆以取代当地燃煤电厂，并已就此与法国电力公司展开讨论。

(2) 对全球核能发展的影响

一方面，法国核能政策的改变或将推动欧盟将核能列为一项绿色能源，并将核能纳入《欧盟可持续金融分类方案》。法国在国内宣布对核领域提供资金支持的同时，也在欧盟内部呼吁其他国家支持核能发展。2021 年 10 月 11 日，在法国的牵头下，保加利亚、克罗地亚等十个欧盟国家已经致信欧盟委员会，要求欧盟将核能视为“可负担、稳定、独立的关键低碳能源来源”，从而鼓励私人资本对核能进行投资。

另一方面，法国的核工业发展计划将会使全球核领域的竞争更加激烈。根据国际原子能机构的报告，全球已推出超过 70 种小堆设计。各国正在开展小堆研发竞赛，而法国大规模的资金投入将使这一竞争更加白热化。

4. 小结

法国“2030 计划”明确将发展小堆和利用核能制氢放在首要位置，这代表了法国政府对核态度的重要转变。尽管目前法国政府并未宣布终止降低核电比重的政策，其利用现有核电厂制氢和以小堆取代燃煤电厂的计划将在较长时间内使核能在法国现有能源结构中所占比重保持稳定。核能在法国经济和能源供应方面的关键性作用使得该国大幅降低核电比重的目标本就难以实现，而当前欧洲能源危机和法国经济复苏压力使这一目标的实现变得更加困难。因此，法国未来或将通过《欧盟可持续金融分类方案》等法案加大对核领域的投资力度，推进核技术的发展。

（中核战略规划研究总院
李晨曦、伍浩松）

三十四、日本碳中和背景下核能绿色增长战略

2021 年 4 月，日本表示力争 2030 年度温室气体排放量比 2013 年度减少 46%。2021 年 5 月 26 日，日本国会参议院正式通过修订后的《全球变暖对策推进法》，以立法的形式明确了日本政府提出的到 2050 年实现碳中和的目标，这是日本首次将温室气体减排目标写进法律。

2021 年 6 月 18 日，日本政府更新了 2020 年 12 月 25 日发布的“绿色增长战略”。绿色增长战略指出：将在海上风力发电、氢能、核能、航空等 14 个重点领域推进温室气体减排，其中核能产业方面主要涉及快堆、小型模块化反应堆（SMR）、高温气冷堆和核聚变四个领域。核能产业绿色增长路线图如图 4 所示。

1. 快堆

快堆能够有效利用快中子，推进放射性废物减容和降低毒性，提高铀资源利用率，更好地实现核燃料循环，因此持续发展快堆十分重要。

日本坚持 2018 年 12 月内阁会议通过的“快堆开发战略路线图”，切实推进快堆相关研发工作，目标是在 21 世纪中叶投入运行一定规模的快堆，下半叶正式实现快堆的商业运行，具体时间取决于技术成熟度、融资环境和运营经验等。快堆研发分为三个阶段：①在私营部门

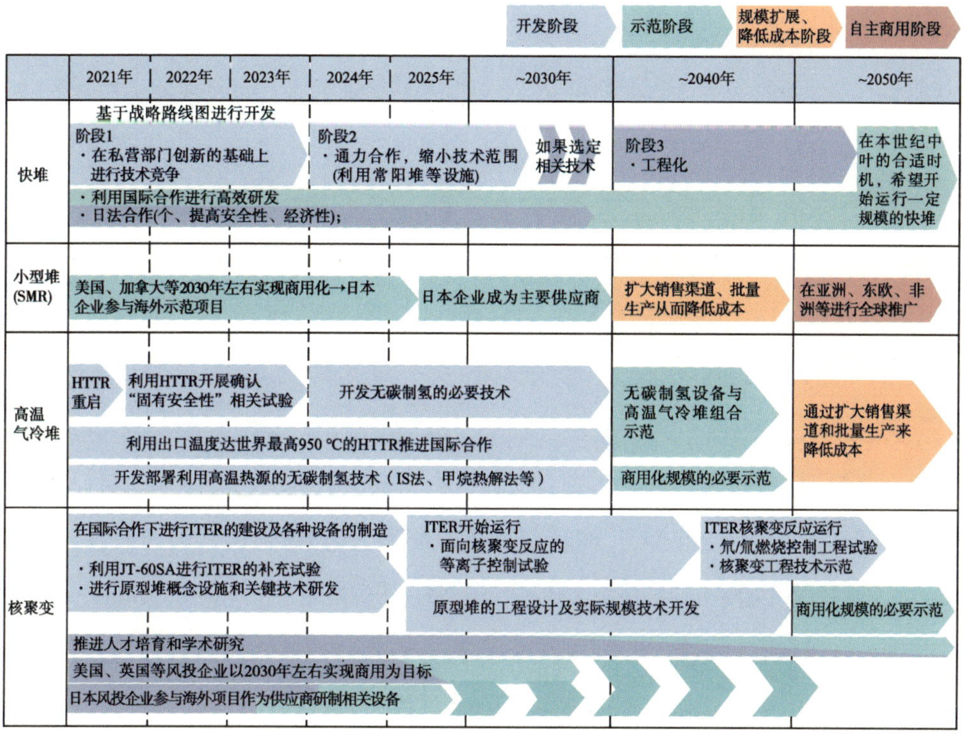

图 4　日本核能产业绿色增长路线图

创新的基础上进行技术竞争；②日本政府、日本原子能研究开发机构(JAEA)、电力企业和制造商进行通力合作，缩小技术范围；③推进重点技术的实际工程应用。另外，在 2024 年以后，为了缩小可供选择的技术范围，需要利用常阳（Joyo）实验快堆进行辐照试验，因此，要加速推进 Joyo 快堆重启。日本要有效利用 Joyo 实验快堆和文殊(Monju）原型快堆以及大型钠试验设施“AtheNa”的运行维护经验及相关数据进行快堆研发。

此外，路线图中也表明，日本要与法国、美国等国家进行国际合作，推进快堆研发。在与法国合作方面，双方将基于 2020 年签订的协议开展提高安全性和经济性相关的共同研发。在与美国合作方面，双方将基于 2019 年签订的合作备忘录开发多用途试验堆（VTR）研发。另外，JAEA 将携手三菱重工，通过技术合作共同参与美国泰拉能源（Terra Power）和美国能源部合作推动的钠冷反应堆 Natrium 开发计划之中。

在快堆相关标准制定方面日本也领先于世界，日方表示要通过与其他国家的合作促进日本标准的推广。

2. 小型模块化反应堆

SMR 可以确保安全系统可靠性，降低冷却剂丧失事故发生的概率；通过模块化生产可以缩短建造工期，降低初始投资成本。

SMR 的创新技术需要进行开发和验证，美国在建立 SMR 安全标准和行业标准方面走在世界前列，英国、加拿大和其他国家也正在建造 SMR 示范机组并进一步向海外部署。

日本的一些公司拥有较高的设计和生产能力，正在积极推进参与这些项目。2021 年 4 月，日本日挥公司投资 4 000 万美元参与美国 NuScale Power 公司的 SMR 项目；2021 年 5 月，日本重工业制造商 IHI 公司投资 2000 万美元，未来或追加 2000 万美元投资。

日本政府将积极支持日本企业与美国、英国、加拿大等国的国外示范项目合作，解决 SMR 创新技术研发问题，为实现 SMR 这一脱碳技术做出贡献，在 21 世纪 20 年代末实现商业化运营。日本希望通过进一步提高 SMR 设计和生产技术，获得国际上主要供应商的地位，并建立与 SMR 全球扩张相适应的批量生产体系。在 SMR 堆型方面，根据技术成熟度等情况，推进基于民间创意的基础技术开发。

3. 高温气冷堆

利用高温气冷堆 700 ℃以上的无碳高温热发电及大规模、低成本无碳制氢引起全球广泛关注。

美国刚刚决定向一家高温气冷堆合资公司提供高达约100亿元人民币的开发支持，该公司的目标是在7年内建造一座示范堆。英国也宣布设立一项近15亿元人民币的基金，用于创新型模块反应堆，其中高温气冷堆被列为强力支持对象。

日本原子能研究开发机构（JAEA）拥有高温工程试验堆（HTTR）。HTTR采用世界领先的技术，实现了世界最高950 ℃下连续高温运行50天，进行了类似东京电力福岛第一核电厂冷却剂丧失事故模拟试验，确认反应堆自然冷却等。此外，制造商正在开发各种概念，包括利用高温制氢和储存热能，另外也有必要建立用于制氢的基础技术。

日本将利用HTTR进行安全示范和支持技术开发，以在2030年前实现大规模、低成本的无碳制氢。同时，支持发展包括热化学碘硫循环（IS）和甲烷热解工艺在内的超高温无碳制氢方法，政府将从安全、经济、供应链建设、监管合规性等方面考虑，参与技术开发和验证，并将根据之前海外项目的情况组成海外联合项目。此外，考虑到日本在标准制定方面也处于世界领先地位，将通过建造、运营和重启HTTR，促进与其他国家相关组织合作推广日本标准。

4. 核聚变

聚变堆除发电外还可进行热利用和制氢，不会产生需要长期管理的高放废物，并具有很高的安全性。

国际热核聚变实验堆（ITER）七个项目成员正在进行各种设备的建造和生产。2021年3月，日本交付了第三个日本制造的超导环形线圈（TF），同年2月，日本和美国联合制造的第一个中心螺线管（CS）线圈的最终测试在美国完成。为了补充和支持ITER项目和未来的聚变示范堆，欧洲和日本签署了扩展探索（BA）协议。

未来日本将继续参与ITER项目，其目标是在2025年开始运行，并在2035年开始聚变反应与实际燃料运行，此外，将利用正在建造的大型托卡马克装置（JT-60SA）进行试验以开发用于聚变示范堆的结构材料。同时，日本将开展聚变示范堆建造项目的各种设计和技术开发，以促进在21世纪中叶实现聚变能的实际应用。在燃料精制技术开发方面，以实现商用为目标，开展锂精制技术以及低温、低CO_2排放的金属精制技术示范。此外，日本政府还将推进利用聚变堆高温无碳制氢工艺等可能有助于碳中和的基础技术的研发。

（中国原子能科学研究院
刘乙竹、夏　芸、杜静玲、夏梦蝶）

三十五、核领域3D打印技术进展与应用

美国橡树岭国家实验室与BWX技术公司2021年3月宣布，双方已合作成功使用3D打印技术制造反应堆堆芯构件。近年来，国外核电巨头在3D打印领域的投入已开始获得成果。2017年实现3D打印非核部件在商业核电厂的首次应用。3D打印的堆芯部件已开始在反应堆中接受辐照。

与传统制造方法相比，将3D打印技术应用于核级部件制造具备多种优势：可生产高设计自由度的特殊部件；可加快部件从设计到生产的部署速度，且生产成本低；形成的部件均匀性好，化学成分可控；可广泛用于核部件制造，包括核燃料、辅助部件和重要部件等。但目前该技术尚未建立工业化生产能力，大规模应用将面临3D打印标准体系的建立与完善、生产能力和产品质量提升等方面的挑战。

1. 3D打印设备已实现应用

3D打印设备已在核领域得到实际应用。德国西门子公司2017年1月在斯洛文尼亚克尔什科核电厂成功安装首个直径为108毫米的3D打印消防泵金属叶轮，实现3D打印设备在核电厂的首次应用。该部件采用逆向工程制造，经测试，材料性能优于原来的部件，目前仍在安全持续运行。

法国法马通公司 2019 年在瑞士戈斯根核电厂成功装入 3D 打印燃料部件。这个部件使用不锈钢和镍基合金制造，准备接受为期 5 年的辐照，2020 年 11 月完成首个辐照循环。

美国西屋公司 2020 年 5 月在拜伦 1 号机组春季停堆换料期间，成功安装 3D 打印技术制造的阻力塞组件；同年 12 月，美国橡树岭国家实验室 3D 打印槽形燃料通道紧固件首次被装入了沸水堆。

2. 各国积极开展 3D 打印研发

(1) 美国

美国能源部 2019 年启动“转型挑战反应堆”计划，目标是综合利用在 3D 打印等先进制造技术、新材料、传感器和检测技术、计算科学以及数字化等领域的最新研发成果，建成一座热功率为 3 兆瓦的反应堆。目前该实验室研究人员正在完善 3D 打印反应堆堆芯的设计，扩大制造反应堆堆芯所需的 3D 打印工艺规模，并开发确认打印部件的一致性和可靠性的方法。目前计划在 2024 年示范和测试采用 3D 打印等先进技术制造的微型反应堆堆芯。

西屋公司曾研究三种 3D 打印技术。第一种是激光粉末床熔融技术，适用于生产复杂的小型燃料结构部件。该技术生产的产品结构更坚固、更轻，可使燃料性能得到较大幅度的提高。此外，采用该技术能够以较低的价格制造传统方法无法生产的小体积部件。西屋已成功对激光粉末床熔融 3D 打印的部件进行辐照和辐照后测试，并计划在商用反应堆中使用。第二种是黏合剂喷射 3D 打印技术，适用于生产更小型的复杂部件，不需要制造复杂的铸件模具，可将成本降低 50%，生产周期缩短 75%。成本低于激光粉末床熔融技术。第三种是直接能量沉淀技术，可用于制造喷嘴、凸台和法兰以及大型或更加复杂的部件。

爱达荷国家实验室 2017 年 10 月宣布开发一种被称为“作为替代性制造技术的 3D 打印”（AMAFT）的核燃料 3D 打印技术。AMAFT 采用铀基原料，将处理铀矿石的传统水冶法和爱达荷实验室发明的“激光成型”技术结合起来，可制造出更安全、更先进的核燃料。该技术已被用来制造硅化铀颗粒（U_3Si_2）。U_3Si_2 比传统的二氧化铀燃料密度更大，导热性能更强，因此耐事故性能更好。与传统技术相比，该技术可精简工艺步骤，节约时间和成本。

通用电气-日立核能公司 2016 年启动直接金属激光熔融（DMLM）技术研究，拟采用 316L 和 Inconel 718 合金进行 3D 打印，生产核电厂替换部件。生产出的部件样品已在爱达荷国家实验室先进试验堆接受辐照，进行辐照后测试并和未经辐照的材料进行分析比较。通用电气-日立目前正在考虑使用 3D 技术制造反应堆内部构件，包括燃料碎片过滤器和喷射泵备件。

(2) 俄罗斯

俄罗斯国家原子能集团公司近年来尤为重视 3D 打印技术在核工业的应用，2018 年 2 月组建俄罗斯原子能增材技术公司，专门负责 3D 技术研发，并制定核工业 3D 打印技术发展路线图和战略。增材技术公司重点关注四个领域：打印机及其部件的生产制造，材料和金属粉末的生产，系统的软件开发以及为工业企业提供 3D 打印服务。2020 年 12 月，该公司启动位于莫斯科的首个 3D 打印技术中心，这是俄首次使用国产设备建设的 3D 打印技术中心，将主要开展 3D 打印技术的测试和示范工作。

(3) 英国

英国核先进制造研究中心 2017 年确定了在核领域拥有应用前景的三种成熟技术：热等静压工艺（HIP）、采用粉末床或吹制粉末的 3D 打印技术以及放电等离子体烧结技术。这些工艺可生产具有优质材料性能的近净成型部件，避免了焊接等潜在的缺陷，已经在航空航天等领域应用，而且用于生产海军堆部件，但尚未得到民用核工业的认可和批准。

此外，英国核先进制造研究中心联合法马通公司、法国电力公司、法国原子能与替代能源委员会和瑞典材料研究组等共同实施参与 Powder-Way 项目，确定了一系列可使用粉末冶金技术制造的核部件，并制定了一回路管道和用于在燃料过滤器捕集碎片的小型复杂构件等六种部件的发展规划；与通用电气-日立核能公司合作开展 NSUF 计划，评价核电厂部件 3D 打印的材料性能特征。

(4) 法国

法马通公司 2015 年在德国埃尔兰根实验室启动 3D 打印项目，重点研究使用 3D 打印技术制造不锈钢和镍基合金燃料组件。来自法国、德国和美国的燃料专家参与了该项目，欧盟及美国能源部也对该项目予以支持。法马通计划使用 3D 打印技术为西方设计的压水堆和沸水堆以及俄罗斯设计的 VVER 反应堆生产燃料组件。

法马通公司 2020 年 12 月成功利用 3D 打印技术制造了铀钼合金和铀硅物件，属世界首次。这意味着法马通在下述两个领域实现了技术突破：为研究堆生产金属铀燃料板以及制造生产医用同位素所需的辐照靶。这一技术突破是使用激光束熔化设备完成的。

3. 小结

随着各国在 3D 打印相关研究的不断深入，直接金属激光熔融技术、激光粉末床熔融技术、黏合剂喷射 3D 打印技术和直接能量沉积技术等一批新工艺、新技术不断取得突破。美俄等技术领先的国家一直将 3D 打印技术作为开发核电厂部件的新兴工具。目前，辅助设备部件 3D 打印已实现应用；核燃料和堆内构件 3D 打印技术正在研发中，其关键是堆内辐照和辐照后测试。随着 3D 打印技术的不断进步，3D 打印将成为生产核能设施部件更加可行、安全的选择。

（中核战略规划研究总院
蔡　莉、张　莉）

核技术应用

三十六、美国太空用同位素生产进展

同位素在太空领域的应用主要有放射性同位素电源、原子钟等。除钼-99、钚-238和武器用特种核材料之外，美国“同位素计划（IP）”办公室是美国能源部（DOE）生产用于销售和分配同位素的唯一管理机构。2021年4月能源部科学办公室公布的报告，对“同位素计划”的使命、生产场址与设施以及太空用同位素的生产情况进行了介绍。近年来，在“同位素计划”的领导下，美国重启了多种关键同位素的生产和处理能力，减少了对18种同位素的进口依赖。

1.“同位素计划”对美国同位素研究与生产做出重要贡献

美国能源部“同位素计划”的正式名称是“研究和应用的同位素开发与生产计划（IDPRA）”，由能源部科学办公室的核物理办公室（DOE-NP）负责管理。“同位素计划”的使命包括：①负责生产和分配市场短缺的放射性同位素、稳定同位素，包括副产品、剩余物料和提供相关服务；②维护同位素生产所需的基础设施；③持续开展同位素生产新工艺及工艺改进研究，为相关研究提供同位素，并培养人才；④确保美国同位素供应链的稳定，减少美国对国外同位素供应的依赖。

同位素生产技术的研发。“同位素计划”在嬗变和核数据等领域，主要开展了涉及中子、带电粒子、高能γ光子等的相关研究。在反应堆同位素生产的制靶领域，开展了热工水力、材料和粒子传输模型的研究；放射性同位素回收和纯化工艺，以及远距操作和自动化等问题研究；开展了用于浓缩稳定同位素和高比活度（HSA）放射性同位素的质谱分离方法研究。此外，还开展了同位素生产过程中的先进制造技术、先进制靶技术、人工智能（AI）和机器学习（ML）等方面的研究。

同位素生产场址与设施。能源部旗下的许多实验室都拥同位素生产场址和设施（见图 5），主要包括：①爱达荷国家实验室（INL）：主要生产钴-60；②洛斯阿拉莫斯国家实验室（LANL）：主要生产锗-68、锶-82、砷-73 和硅-32 等；③橡树岭国家实验室（ORNL）：主要生产硒-75、锎-252、钨-188、镭-233、镎-237 等；④布鲁克海文国家实验室（BNL）：主要生产锗-68、锶-82、铜-67 等；⑤西北太平洋国家实验室（PNNL）：主要生产锶-90、镭-233、镎-237 等；⑥萨凡纳河国家实验室：主要生产氦-3。此外，“同位素计划”还与大学（例如密苏里

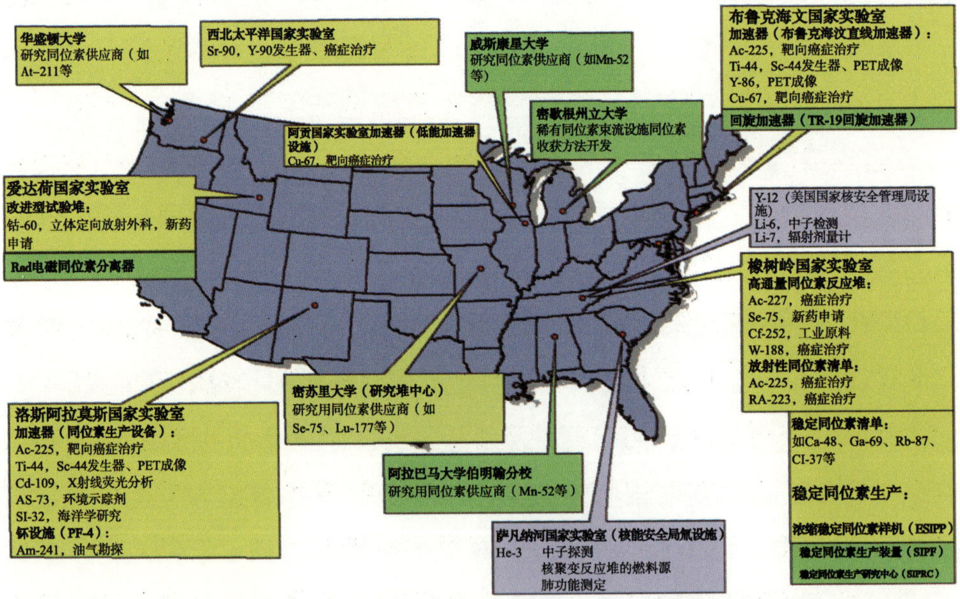

图 5　美国“同位素计划”的生产场址和设施

大学研究堆（MURR）、华盛顿大学、威斯康星大学以及阿拉巴马大学伯明翰分校等）建立了广泛的联系，形成了同位素的生产能力。密歇根州立大学的稀有同位素束流装置（FRIB）建设已经接近尾声，预计 2022 年开始运行。稀有同位素束流装置建成后，将能够生产自然界 80％的同位素，以及地球上从未产生的 1000 多种同位素，解决天体物理学和同位素的诸多关键科学问题，同时为美国国家航空航天局（NASA）研究具有重大意义的宇宙重元素提供了生产途径。

在减轻美国对国外同位素供应的依赖方面。“同位素计划”的主要成绩和贡献：①在太平洋西北国家实验室生产了用于癌症治疗和放射性同位素电源的锶-90；②针对用于测井及工业用途的锎-252，通过引导相关研究机构与行业集团合作，确保了美国锎-252 97％的市场供应，③针对用于油气勘探等的镅-241，重建了生产能力，并从洛斯阿拉莫斯的钚废液中提取了镅-241。

2. “同位素计划”中太空用同位素生产情况

镅-241：可用于基础研究、放射性同位素电源制备以及商业应用等。“同位素计划”正与美国国家核军工管理局（NNSA）合作，为研究、工业和太空应用等领域提供可靠的镅-241 氧化物原料。2018 年，“同位素计划”在美国重建了镅-241 的生产能力，目前还在继续提高产量和效率。

锶-90：可用于制备地面和太空的中等长寿命放射性同位素电源。美国的锶-90 主要从早期用于钚生产的汉福特堆的放射性废物罐中回收得到。2019 年，“同位素计划”在美国重建了锶-90 的处理能力。目前，西北太平洋国家实验室已经积累了上千居里的锶-90，其比活度约为 25 居里/克。

钴-60：是癌症放射治疗及工业伽马射线的重要来源。美国一直以来使用俄罗斯和加拿大供应商提供的高比活度钴-60。2020 年 3 月，美国重新拥有了钴-60 的本国供货能力，爱达荷国家实验室向供应商运送了高比活度钴-60。目前 DOE 已经生产了上千居里的高比活度钴-60，其比活度大于 225 居里/克。

钷-147： 钷-147 主要用于放射性同位素电源、导弹、无线电以及太阳能电池等领域。主要通过反应堆辐照镎-237 生产。目前 DOE 的储量已经有几十居里，未来将提高产量到上百居里。此外，钷-147 还可以通过钕-146 制备得到。该方法生产效率高，其产量可提高到上千居里。"同位素计划"已经完成钷-147 的生产研发并于 2021 年投入市场，能源部的两种生产方案的产品纯度都优于俄罗斯。

氦-3 和氦-4： 氦-3 主要用于太空科学中低温学研究。"同位素计划"在氦-3 的跨部门工作组中起领导作用，并已成功解决氦-3 短缺的问题，目前的供应量预计将能够满足联邦机构的需求。氦-4 用于火箭燃料。"同位素计划"是由国土管理局（BLM）领导的跨部门工作组成员，负责氦-4 供应链的监督。

碳-14： 碳-14 可用于金刚石 β 辐伏电池。目前，俄罗斯是全球唯一的碳-14 供应商。在"同位素计划"领导下，橡树岭国家实验室正在进行辐照后的氮化铝（AlN）生产碳-14 的工艺研发，并计划在 3 年内上市。目前橡树岭国家实验室已完成两种氮化铝燃料芯块小规模实验评估，2021—2022 年将对氮化铝靶件进行辐照并建立干法处理设施。

镅、锔和锎系元素： 1969 年 8 月到 1970 年 11 月期间，能源部利用萨凡纳河场址 K 反应堆的高通量辐照了 86 根 18A 型靶件，1979 年，又以低通量模式对这些靶件进行了辐照。1972—1973 年间，橡树岭国家实验室从 21 根 18A 型靶件中提取了锎-252、锫-249、锿-253、重锔以及钚同位素等，提供了目前世界上钚-244 和重锔的所有来源。剩余的 65 根未处理靶件含有全球 80% 的钚-244 和重锔同位素，预计于

2023 年将部分转移到萨凡纳河国家实验室进行处理。未来十年间每隔一个月，一批含有镅、锔和镧系元素氧化物的 18A 型靶件将运往橡树岭国家实验室贮存和处理。

在橡树岭、洛斯阿拉莫斯和爱达荷国家实验室的共同努力下，“同位素计划”领导了**钚-238** 和放射性同位素电源（RTG）的生产。正在进行用于放射性同位素电源的**铥-170** 的生产研发。“同位素计划”还为原子钟研发提供了稳定同位素，为卫星导航系统提供了**铷-87**，为天体物理学研究提供**铝-26**。表 6 给出了目前可应用于放射性同位素电源的同位素及美国的生产研发现状。

表 6　美国放射性同位素电源用同位素生产研发现状

放射性同位素类别	半衰期（年）	生产研发现状
铥-170	0.35	正在进行生产研发
钋-210	0.38	可商用
钷-147	2.6	已于 2021 财年投入市场
钴-60	5.3	已于 2020 财年投入市场
氚	12.3	可商用
锶-90	28.8	已拥有上千居里可用
钚-238	87.7	已拥有少量钚-238 可用于研究
镍-63	101.2	已具备每年以高比活度（>13 Ci/g）生产上百居里能力
镅-241	432.6	已于 2018 财年投入市场
碳-14	5730	正在进行生产研发

“同位素计划”生产的同位素在太空应用的前景相当广阔，主要包括：新一代放射性同位素电源、新一代 β 辐伏电池、天体物理学研究（如钬-163）等领域。此外，锔-244 还可以用于 X 射线和 α 粒子校准，以及 X 射线荧光和粒子诱导 X 射线发射（PIXE）测量等，其中阿尔法粒子 X 射线光谱（APXS）可用于月球岩石学的研究，且锔-244 可

用于火星探测器的阿尔法粒子 X 射线光谱设备上。还将钍-229 等同位素还将用于新一代原子钟。

3. 小结

“同位素计划”提供的太空用同位素，能够用于开发和应用新一代同位素电源或原子钟等，进一步支撑了美国太空应用研究。近年来，美国重启了多种关键同位素生产能力，减轻了对俄罗斯等国的依赖，其做法和进度值得密切关注。

（中国原子能科学研究院
侯梦洁）

三十七、美国“钼-99 计划”取得重大突破

美国能源部和卫生与公众服务部 2021 年 12 月 20 日联合宣布，双方已共同认证，不使用高浓铀的医用放射性同位素钼-99 产能已可以满足美医疗需求。这一认证意味着美国能源部核军工管理局的“钼-99 计划”取得重大突破，未来美能够禁止出口医用放射性同位素生产用高浓铀，降低全球扩散风险。

1. 相关背景

钼-99 衰变会生成锝-99m。后者是一种重要的医用放射性同位素，其全球范围内的使用量约占所有医用同位素使用量的 80%，美国使用量约占全球使用量的 50%。钼-99 和锝-99m 的半衰期都非常短，分别为 66 小时和 6 小时，不能长时间贮存。钼-99 的传统生产方法需要使用高浓铀，具有扩散风险。在 2018 年之前的 30 多年中，美国内没有任何钼-99 产能。因此，为保障钼-99 供应安全，美一直在向其他国家生产商供应高浓铀。目前大部分用于生产钼 99 的研究堆已投运数十年，存在老化现象，2009—2010 年间多座研究堆的意外停运曾导致钼-99 供应短缺。为降低扩散风险并确保供应安全，美国能源部核军工管理局从 2009 年开始制定并实施“钼-99 计划”：一是为其他国家生产商提供资金和技术支持，帮助他们改进技术，转用低浓铀生产钼-99；二

是与本国技术开发商合作，推进不使用高浓铀的钼-99 生产技术研发及其商业化进程。

美国《2013 财年国防授权法》规定，在 2012 年《美国医用同位素生产法》生效七年（即 2020 年 1 月）后，禁止核管会为用于生产放射性同位素的高浓铀颁发出口许可证，前提是能源部单独或和卫生与公众服务部联合认证，不使用高浓铀的钼-99 产能已能够满足美国医疗需求。如果这一认证未能及时完成，禁令的颁布时间可以推迟，但最多推迟 6 年。

2. 全球主要供应商已经或即将转用低浓铀生产钼-99

钼-99 的传统生产方法是在研究堆中对高浓铀靶件进行辐照，使铀-235 裂变生成钼-99。目前全球几乎所有钼-99 均由四家供应商利用分别位于澳大利亚、南非和欧盟的六座研究堆生产。澳大利亚核科学与技术组织一直使用低浓铀靶件生产钼-99。在美国的帮助下，南非 NTP 放射性核素公司 2017 年成为完成靶件低浓化改造的首家钼-99 生产商，荷兰 Curium 公司 2018 年完成改造，比利时放射性元素研究所的改造工作目前处于最后阶段，将于 2022 年完成。因此，从 2022 年开始，四家主要供应商在生产钼-99 时都将不再需要使用高浓铀。

3. 五种新型生产技术已经或即将实现商业化应用

自 2010 年以来，核军工管理局已启动三轮资助，累计投入超过 2 亿美元，采用政府与企业各承担一半费用的方式帮助相关企业开展技术研发，并取得重要成果：北极星医用放射性同位素公司（下文简称“北极星”）从 2018 年开始利用密苏里大学研究堆，对天然钼靶进行辐照，使天然钼中的稳定同位素钼-98 俘获中子，生成钼-99，成为近

30年来美国第一家钼-99生产商。

核军工管理局2020年7月宣布拟为技术开发商提供第三轮也是最后一轮资助，目标是使相关技术在2023年年底前实现商业应用。在对诸多申请进行独立评审后，核军工管理局2021年与三家开发商签署合作协议，帮助推进四种技术的商业化应用。第一家是北极星，获得资助的技术有两种：一种与已在2018年得到实际应用的技术类似，但生产效率提高了3倍，因为其辐照对象是钼-98丰度达到95%的钼靶，而不是天然钼靶（钼-98丰度为24%）；另一种是光核嬗变技术，即利用加速器使钼-100发生光核嬗变（从原子核中去除一个中子），生成钼-99。另外两家是闪耀医疗技术公司和尼奥威公司，获得资助的技术均是裂变技术，但使用的辐照装置和靶件有所不同：前者使用加速器驱动次临界装置辐照低浓铀靶溶液，后者使用超导电子直线加速器辐照低浓铀靶。

除了提供资助，核军工管理局还采用两种方式帮助本国开发商推进新型生产技术研发：一是包括橡树岭国家实验室、阿贡国家实验室、萨凡纳河国家实验室、洛斯阿拉莫斯国家实验室、太平洋西北国家实验室和Y-12国家核军工联合体在内的国家研究机构直接为本国开发商提供技术支持；二是实施“铀租赁和回收计划”，在为开发商提供低浓铀的同时，负责回收并管理在辐照、加工或提纯低浓铀期间产生的废物。

4. 小结

通过十多年的努力，核军工管理局“钼-99计划”已基本实现其最初的两个目标：一是降低扩散风险，全球四家主要供应商从2022年开始将不再需要使用高浓铀，为美未来停止高浓铀出口奠定了基础；二是保障供应安全，已于 2018 年恢复本土供应，且四项新技术有望在 2023 年年底前实现商业化应用，届时美极有可能在实现自给自足的同时，对外出口钼-99。

（中核战略规划研究总院
伍浩松、李晨曦）

三十八、法国首次建立稳定同位素产能

稳定同位素的应用已经覆盖到人类活动的各个方面，包括核医学、工业和基础研究等领域。为了满足法国稳定同位素需求，欧安诺集团（Orano）在特里卡斯坦（Tricastin）场址建设了稳定同位素实验室（SIL），该实验室于 2021 年 10 月 11 日竣工启用，预计 2023 年下半年开始生产首批稳定同位素产品。SIL 是法国首个规模化生产稳定同位素的实验室，计划利用离心分离技术生产 21 种稳定同位素，预计产能将达到 100 公斤/年。

1. 法国稳定同位素实验室概况

欧安诺拥有生产稳定同位素的技术基础和设施平台。欧安诺在特里卡斯坦场址建有独特的集成工业平台和世界上最现代化的设施——菲利普科斯特铀转化厂和乔治贝丝Ⅱ铀浓缩厂，拥有生产稳定同位素所需的所有必要基础设施。菲利普科斯特铀转化厂的六氟化铀产能至 2023 年将达到 15 000 吨铀/年。乔治贝丝Ⅱ铀浓缩厂使用超离心铀浓缩技术，产能为 750 万 SWU/年，铀浓缩能力位于世界第三，是欧洲最大的铀浓缩综合体。

基于优越的硬件设施和坚实的技术基础，欧安诺于 2018 年启动了一项新的商业计划，即在特里卡斯坦场址内建造一个生产稳定同位素的实验室，利用离心法生产稳定同位素。2020 年，欧安诺对稳定同位素生产计划进行了验证；2021—2022 年，完成稳定同位素实验室建设和设备安装，包括测试台架和第一个分离级联；预计 2023 年下半年开始生产首批稳定同位素产品。

图 6 是稳定同位素实验室的示意图。整个实验室占地面积约为 3200 平方米，投资近 1500 万欧元（约 1 亿元人民币）。该实验室将根据客户的需求进行生产和研发。实验室具有高度的灵活性，除了每条生产线均可生产多种稳定同位素之外，未来还可根据客户需要调整为专用生产线。另外，生产线完全模块化，可以根据市场需求快速转换同位素生产品种。

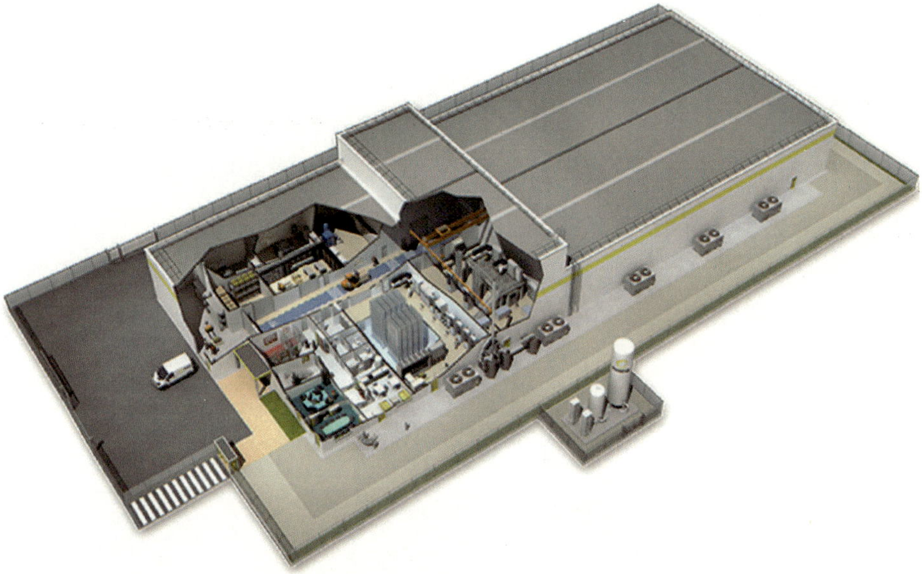

图 6　稳定同位素实验室示意图

2. 法国稳定同位素生产现状与展望

欧安诺调研了 38 种可以通过离心法分离的稳定同位素，目前重点开发其中两种——硅（Si）和氙（Xe），正在离心分离其中的 19 种，接下来还会开发更多品种，如图 7 所示。离心法分离的稳定同位素主要用于生产特定需求的放射性同位素，例如医疗成像或治疗以及工业辐射源所需放射性同位素，如表 7 所示。

欧安诺对稳定同位素产能有两方面考虑：一方面是满足客户特定需求的小规模生产，年产量大约 10 克～1 千克；另一方面是常规和大规模生产，产量达到约 100 公斤/年，满足法国多个领域对大批量稳定同位素的需求。

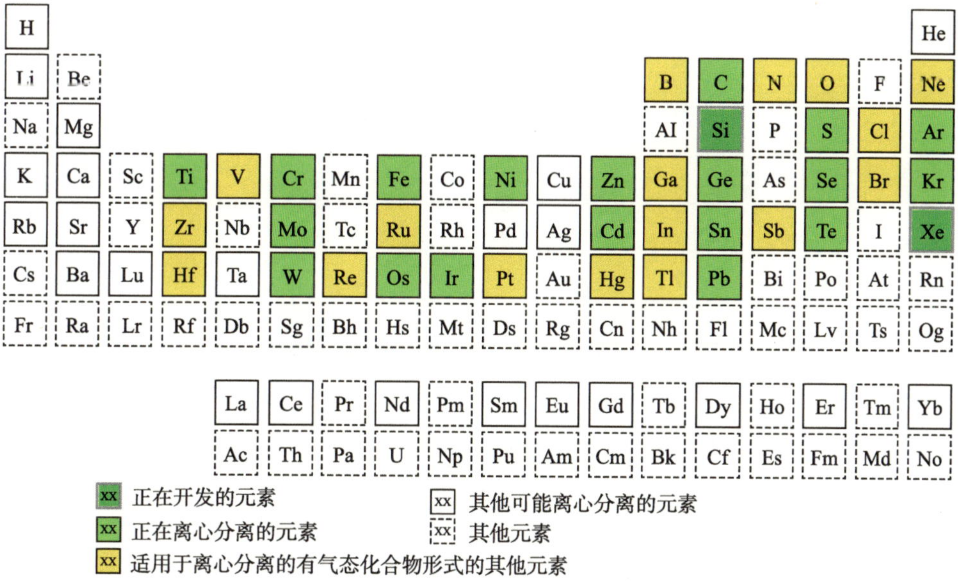

图 7　欧安诺稳定同位素研究现状

表 7　离心分离法生产的稳定同位素应用领域

医用领域		
诊断	伽马成像	^{68}Zn（$^{67}Ga*$）；^{112}Cd（$^{111}In*$）；^{124}Xe（$^{123}I*$）
	PET	^{124}Te（$^{124}I*$）
	示踪剂	^{98}Mo（$^{99}Mo*$）；^{100}Mo（$^{99}Mo*$）

续表

医用领域		
治疗	近距离放射疗法	$^{191}\mathrm{Ir}$（$^{193}\mathrm{Ir}$*）；$^{124}\mathrm{Xe}$（$^{125}\mathrm{I}$*）；$^{68}\mathrm{Zn}$（$^{67}\mathrm{Cu}$*）；$^{77}\mathrm{Se}$（$^{77}\mathrm{Br}$*）
其他	姑息性放射疗法	$^{186}\mathrm{W}$（$^{188}\mathrm{Re}$*）
	图像增强诊断技术	$^{129}\mathrm{Xe}$
工业领域		
核工业	压水堆或沸水堆一回路用贫化锌（$^{64}\mathrm{Zn}$）	
无损检测	$^{191}\mathrm{Ir}$（$^{192}\mathrm{Ir}$*）	
	$^{74}\mathrm{Se}$（$^{75}\mathrm{Se}$*）	
微电子学	$^{72}\mathrm{Ge}$用于GeF_4预先非晶化注入增强	
	$^{28}\mathrm{Si}$用于量子计算机	
研究应用		
核工业	将通过同位素纯化的材料用于燃料或一回路结构，以降低中子俘获截面	
基础物理	$^{70}\mathrm{Zn}$和$^{50}\mathrm{Ti}$用于超重材料研究；$^{136}\mathrm{Xe}$、$^{130}\mathrm{Te}$、$^{76}\mathrm{Ge}$和$^{82}\mathrm{Se}$用于中微子研究	

注：*辐照稳定同位素前体后产生的放射性同位素。

（中国原子能科学研究院
宋敏娜、杜静玲、夏　芸）

三十九、稳定同位素技术在食品溯源的研究与应用进展

稳定同位素溯源是近些年发展较快的在食品安全方面应用的核技术。主要原理是利用动植物体内的天然稳定同位素差异，开展农产品产地溯源及真实性识别的研究。生物体内稳定同位素受到气候、环境、生物代谢类型等因素的影响发生自然分馏效应，使得不同来源的动植物体内稳定同位素丰度存在差异，这种差异能够真实反映生物体所处的环境条件，可以用来区分不同产地和饲喂条件下的物种来源。因此，农产品的稳定同位素组成能为其产地溯源和饲喂方式提供一种科学的、独立的、人为无法改变的随整个食品链流动的身份鉴定信息，是今后食品安全领域不可缺少的一种技术。国际上稳定同位素食品溯源在研究对象、研究手段、标准物质和标准制定方面发展情况介绍如下。

在研究对象方面，从 2000 年开始，以法国国家科学研究中心、意大利埃德蒙马赫基金会、欧盟委员会联合研究中心等机构为代表开展了稳定同位素在农产品产地溯源的研究，应用稳定同位素溯源研究主要集中在牛肉、羊肉、乳制品、谷物、酒类、食用油等产品；在地理标志等地域特色农产品的稳定同位素溯源研究方面，意大利的地理标志羊肉、牛奶、奶酪、肉制品等都开展了基于稳定同位素等技术研究，保证地理标志产品的真实性，法国建立的以稳定同位素和核磁技术为

基础的“葡萄酒银行”是进行葡萄酒产地真实性判断的法定依据。2021 年，稳定同位素技术的研究对象除了羊肉、大米、小麦等大宗农产品外，种类逐渐增多，扩大到了饮品、水产品、水果、蔬菜的研究中。意大利埃德蒙马赫基金会用稳定同位素比值分析表征茶叶的 L-茶氨酸的来源；美国地质调查局开展了圣克罗伊河和密西西比河中湖鲟的同位素组成研究；南安普顿大学利用稳定同位素组成确定挪威龙虾 norvegicus 的捕获位置；拉脱维亚大学环境科学系研究了从北欧不同地点采集的越橘和世界各地商用蓝莓样品中的元素和同位素组成；针对西班牙保护地理标志产品，西班牙安达卢西亚农业和渔业研究所利用稳定同位素区分了不同国家芒果样品的地理来源；奥地利工业技术研究所以黄瓜为例，研究了蔬菜在贮藏过程中同位素组成的变化。

在研究手段方面，2021 年除了应用元素分析—稳定同位素比值质谱法（EA-IRMS）测定食品中同位素组成外，单体稳定同位素分析技术（CSIA）作为一种高分辨率、高灵敏度的同位素分析技术手段也被广泛应用。CSIA 是 20 世纪 90 年代发展起来的一种稳定同位素分析技术，因其结果不受其他反应物、产物及元素的干扰而具有较高的准确性，使该技术不仅广泛应用于环境有机污染物降解过程评价、辨识解析污染物来源等，也逐渐应用于研究生物体中某种化合物的同位素组成，为农产品的真伪鉴别提供了方法。气相色谱—燃烧同位素比值质谱法（GC-C-IRMS）、高效液相色谱—同位素比率质谱联用技术（HPLC-IRMS）是应用较多的单体稳定同位素分析技术。意大利埃德蒙马赫基金会 GC-C-IRMS 分析了奶牛饮食、瘤胃、十二指肠内容物、肝脏和腰部中六种脂肪酸（肉豆蔻酸 C14：0、棕榈酸 C16：0、硬脂酸 C18：0、油酸 C18：1n-9、亚油酸 C18：2n-6 和亚麻酸 C18：3n-3）的碳同位素比值，发现所有脂肪酸的 $\delta^{13}C$ 值从饮食到肌肉越来越大，为研究日粮中脂肪酸在整个奶牛有机体中的代谢途径提供了参考。加拿大不列颠哥伦比亚大学同样使用 GC-C-IRMS 测量了奇努克三文鱼肌肉氨基酸的稳定同位素数据，发现异亮氨酸、亮氨酸、苯丙氨酸的碳同位素比值可以追溯不同饮食条件下的奇努克三文鱼。意大利埃德蒙马赫基金会用 HPLC-IRMS 表征茶叶的 L-茶氨酸中的碳氮稳定同位素比值，为区分 L-茶氨酸的来源：茶叶中提取的天然还是通过微生物发酵合成 L-茶氨酸提供了鉴别方法。

在标准物质方面，稳定同位素分析过程中，质量歧视效应是测量结果不准确的主要来源，必须用稳定同位素组成与待测样品相近的、化学物种相同的同位素标准物质校正质谱仪器的质量歧视。因此，必须依赖合适的标准物质校正转化、分离及质谱检测过程中的质量歧视效应，才能获得准确的同位素分析结果。同位素标准物质属于附加值较高的产品，根据目前的基本行情看，每包装同位素标准物质（0.5 克或 5 毫升以内），基本需要 2000 元至 3000 元，初步估算，我国同位素标准物质的需求量每年需要几百万元。从 20 世纪 80 年代开始，1983—2000 年国际原子能机构先后召开了 8 次同位素参考物质顾问组会议，IAEA 委托研制了一系列化学单一成分的标准物质，基本建立轻稳定同位素国际标准物质的完整体系。2000—2015 年，多个国际实验室依据稳定同位素标准物质的要求研制了碳、氮稳定同位素标准物质。2016 年，美国地质调查局研制了用于氢、碳和氮稳定同位素比值测量的新有机标准物质：咖啡因、正构烷烃、脂肪酸甲酯、甘氨酸、L-缬氨酸、聚乙烯和油。随着稳定同位素在食品、生物等领域的应用，国际上多家实验室和公司也陆陆续续开展了生物有机质同位素标准物质的研制。研制成了人类头发、高粱、橄榄油、黑松木、象牙等生物基质的稳定同位素标准样品。

2020 年，美国地质调查局研制了用于氢、碳、氮、氧和硫稳定同位素比值测量的 10 种新的生物基质的稳定同位素标准物质，主要包括来自加拿大和热带越南的两种蜂蜜（USGS82和USGS83）、来自C3（大米）和C4（小米）植物的两种面粉（USGS90和USGS91）、来自C3（橄榄、花生）和C4（玉米）植物的四种植物油（USGS84～USGS87）以及来自海鱼和陆生哺乳动物的两种胶原蛋白粉（USGS88和USGS89）。与2020年相比，2021年，国际上研制的稳定同位素标准物质较少，且没有生物基质，国际原子能机构和美国联邦调查局研制了以碳酸钙为基质的一系列碳稳定同位素标准物质（IAEA-610、IAEA-611、IAEA-612、USGS44）。

我国农产品溯源领域稳定同位素所用的标准样品均采购自国外，因此我国农产品基质的稳定同位素标准样品存在大量空白。2019年，中国农科院质标所在国内首次研制成果生物基质的碳氮稳定同位素国家标准样品2项，在获得专家和行业认可的基础上，2020年，中国农科院质标所进一步获得稳定同位素国家标准样品立项10项，并于2021年完成了这些农产品基质的国家标准样品的评审工作，通过了评审，标准物质由畜产品基质逐步扩大到蔬菜、大米、牛乳、红茶等农产品基质，更好的服务今后开展稳定同位素农产品溯源研究、进一步填补了国内的研究空白。

在标准制定方面，目前稳定同位素检测标准已经在果汁、蜂蜜及葡萄酒等产品建立，得到了美国分析化学家协会（AOAC）、欧盟标准委员会（CEN）、国际葡萄与葡萄酒组织（OIV）等多个机构的官方认可。2021年，国际原子能机构召开了稳定同位素标准物质及相关产品开发技术会议，会议结束后，国际原子能机构发布了碳、氮、氢、氧稳定同位素测定结果的最低要求，为了确保公布数据的有效性和可重复性，需要对分析技术、可追溯性、数据处理和不确定性评估进行全面描述。

我国也逐步建立了相关的国家标准。2002年，秦皇岛海关技术中心建立了我国第一个基于稳定同位素技术的蜂蜜掺糖国家标准，该标准为我国首个应用稳定同位素进行农产品真伪溯源的方法标准；随着稳定同位素研究的开展，2019 年，我国颁布了由中国计量科学院牵头制定的同位素组成质谱分析方法通则，该标准为进行农产品稳定同位素分析提供了标准依据。2016 年、2019 年，内蒙古自治区食品检验检测中心牵头制定了畜产品牛羊肉碳氮稳定同位素分析及锡林郭勒盟羊肉同位素丰度检测方法的地方标准。行业标准和地方标准：2015 年，中国食品发酵工业研究院牵头制定了系列轻工业标准，针对橙汁、葡萄酒等食品中稳定同位素分析建立了检测标准；2021 年，中华人民共和国深圳海关食品检验检疫技术中心制定的出口葡萄酒中氮稳定同位素比值测定方法的行业标准即将实施，规定了葡萄酒中氮稳定同位素比值（$^{15}N/^{14}N$）的测定方法，适用于葡萄酒中氮稳定同位素比值的测定与确证。

（中国核学会原子能农学分会，

中国农业科学院质量标准与检测技术研究所　赵　燕）

四十、日本恢复利用JRR-3研究堆生产放射性同位素

日本JRR-3研究堆于2021年2月26日重启运行，同年7月开放设施共享。日本政府重视同位素生产工作，在2021年6月发布的成长战略中指出要“推进利用研究推生产放射性同位素”。日本在JRR-3重启后将恢复金-198、铱-192、钴-60等核素的生产供应，另外也在探讨利用JRR-3生产钼-99。

1. JRR-3研究堆同位素生产能力与研发方向

JRR-3是日本自主建造的研究堆，于1962年达到临界。1985年开始升级改造，改造完成后于1990年达到临界。JRR-3作为世界顶尖水平的高性能研究堆，可用于中子束实验（中子射线照相术、中子散射实验、瞬发伽马中子活化分析）和中子辐照（放射性同位素生产）。放射性同位素制备大楼毗邻JRR-3，JRR-3辐照的样品可通过遥控装置输送到热室中。目前生产放射性同位素的设施包括热室28个、通风柜31台以及手套箱7个。在最鼎盛时期可以提纯放射性同位素30种（约10 TBq），生产9类放射性同位素辐射源（约10 000个）。

利用该设施进行的研究包括：

(1) 医用放射性同位素研发（与量子科学技术研发机构合作）

锝-99m 的分离纯化研究：正在进行热分离方法的研发，以快速、稳定和高效地从加速器生产的钼-99 中分离和纯化高品质的锝-99m。

用于癌症治疗的放射性同位素研发：正在开发新的放射性同位素药物，如铜-97、铼-186 和镥-177 等。

(2) 医用和工业用放射性同位素的生产和分销（与千代田技术公司合作）

医用放射性同位素的生产：生产放射性金颗粒（金-198），这是一种低剂量率的治疗辐射源，可插入口腔、舌头、咽部和食道中的癌症病灶区域。还可以生产七种不同形状的铱-192 辐射源。

工业用放射性同位素的生产：生产用于焊接部件无损检测或用于液位计等的铱-192 和钴-60 辐射源。

2. 日本研究堆生产放射性同位素的历史与现状

(1) 近距离照射治疗用放射性同位素辐射源

目前用作近距离放射治疗源的放射性核素有碘-125、金-198 和铱-192。JRR-3 可以生产其中的两种，即金-198 和铱-192。

1）福岛核事故前

日本福岛核事故前近距离照射治疗用放射性同位素辐射源生产情况如表 8 所示。

福岛核事故前，JRR-3 和 JRR-4 可以生产金-198，实现全年稳定供应。每周生产约 50 个辐射源，每年可生产 50 周约 2500 个辐射源。2007—2010 年间 JRR-4 停堆期间，日本选择从国外进口补足产量。

表 8　日本福岛核事故前近距离照射治疗用放射性同位素辐射源产量

单位（个）

辐射源	反应堆	2000年	2001年	2002年	2003年	2004年	2005年	2006年	2007年	2008年	2009年	2010年
金-198	JRR-3	1545	1745	1615	1275	1670	1685	1775	1682	1870	665	1466
	JRR-4	1080	880	1050	945	866	945	833	50	←因故障停堆→		517
	进口								354	540	1314	412
										（进口替代JRR-4）		
铱-192 (颗粒)	JRR-3	200	400	500		←转换为远距离后装源系统（RALS）						
	JRR-4	398	200	100	100							
铱-192 (金属丝)	JRR-3	440	595	335	284	226	176	180	58	13	←转换为RALS	
	JRR-4	84		68								
铱-192 (针型)	JRR-3	98	86	129	86	118	95	73	69	69	81	84
	JRR-4	98	86	43	86	38	25	24		←因故障停止→		

在铱-192 生产方面，随着治疗方法转向远距离后装源系统（RALS）方式，日本颗粒型和金属丝型铱-192 辐射源转向从国外进口。一些需求针型辐射源的治疗也转向 RALS 方式，但每年辐射源的需求量仍可达到约 80 个。

2）福岛核事故后及现状

福岛核事故后，由于国内研究堆停运，日本选择从国外进口相关同位素，但成本和供给方面都产生了较大压力。金-198 辐射源产量减少至以前的一半（隔周生产 50 个，一年 20 次，合计约 1 000 个）；每年进口铱-192 辐射源约 70 件，但由于未协商一致，2020 后日本放弃在海外进行辐照。

日本在 JRR-3 重启后，自 2021 年 7 月 12 日起便恢复了同位素生产。计划每隔一周生产 50 个金-198 辐射源，预计国产率可达 70%，在 JRR-3 因检查等原因停堆时则从海外进口。铱-192 辐射源预计一年辐照四次，国产率达到 100%。

(2) 工业用放射性同位素辐射源

日本科学技术厅于 1996 年 1 月表示："停止生产可从国外进口的中长寿命放射性同位素"，"稳定且需求量大的工业用放射性同位素辐射源转移到民企生产”。因此日本国内仅限于生产需求量大的钴-60、铱-192、镱-169 等工业用核素。

1）福岛核事故前

福岛核事故前工业用放射性同位素辐射源生产情况如表 9 所示。

表 9　日本福岛核事故前工业用放射性同位素辐射源产量

单位（个）

用途	辐射源	半衰期	反应堆	2000年	2001年	2002年	2003年	2004年	2005年	2006年	2007年	2008年	2009年	2010年
液位计	钴-60	5.27年	JRR-3	90	40	120	50	50	110	50		50	150	53
			JRR-4		50			50			因故障停堆			
无损检测	铱-192	73.2天	JRR-3		480	680	650	440	460	255	940	1060	280	690
			JRR-4	1200	660	470	690	1330	960	780	因维修停堆			
无损检测	镱-169	73.2天	JRR-3	32	69	30	由于需求减少，中止国内生产，改为从国外进口							
			JRR-4	17	15	3								

2）福岛核事故后及现状

福岛核事故后，由于日本进口国外辐射源作为替代。与事故前相比，需求量没有明显变化，无损检测辐射源铱-192 的规格因国外生产发生了改变。

JRR-3 重启后，日本在钴-60 辐射源进口库存用完后，将恢复国内生产。对于铱-192 辐射源，将使用 JRR-3 进行晶圆（wafer）辐照试验，以生产类似于日本目前流通使用的进口辐射源。

3. 日本为实现钼-99 国产化而采取的措施

(1) 日本急需实现钼-99/锝-99m 国产化稳定供应

钼-99/锝-99m 是目前核医学临床诊断应用最为广泛的医用放射性同位素。日本是仅次于欧美的世界第三大钼-99 消费国，但 100%需要进口。

日本曾于 1972—1985 年使用 JRR-2（退役）、JRR-3（改造前）和

JMTR（退役）研究堆进行钼-99 的生产制备，推进了裂变法和中子活化法两种制备技术的发展。由于以铀-235 裂变法生产钼-99 产量不及当时日本国内需求的 1/10，扩大规模存在裂变废物处理和核不扩散等诸多问题，而（n，γ）法每年最多生产 26 周，无法满足需求，加之当时加拿大货源有保障，两种方法均停产。

由于海外研究堆的老化、天气因素、社会局势等都会对运输产生影响，不利于维持钼-99 的稳定供应。目前，日本希望建立钼-99 的国产化稳定供应，技术方面采取不使用铀-235 的中子活化技术。日本实现钼-99/锝-99m 国内稳定供应的路线如图 8 所示。

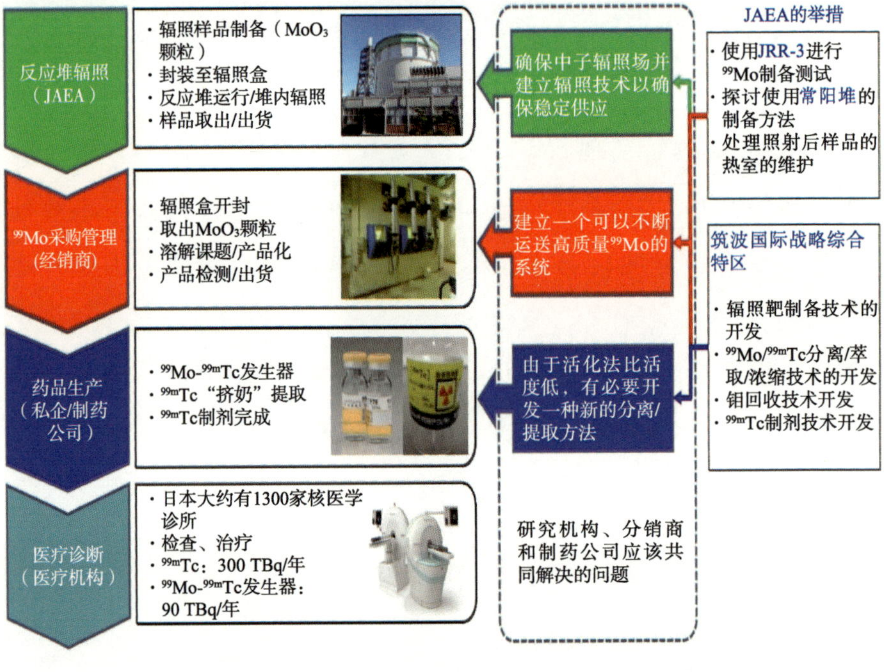

图 8　钼-99/锝-99m 的日本国内稳定供给流程示意图

(2) 日本将利用 JRR-3 研究堆生产钼-99

日本于 2011 年 7 月 7 日公布了“日本锝制剂稳定供应”行动计划，提出了使用动力堆和 JMTR 研究堆稳定供应钼-99/锝-99m 的政策。但在福岛核事故后，由于动力堆长期关闭，JMTR 也宣布退役，相关计划被搁置。

目前，日本将使用国内唯一能够生产钼-99 的研究堆 JRR-3 进行辐照试验，以确立检验辐照方法并探讨日本国内稳定供应的可行性。使用 JRR-3 的水冷辐照孔道（HR）和垂直辐照孔道（VT、RG）进行辐照试验。

使用水冷辐照孔道的优势是可以在反应堆运行期间插入和取出样品，并且可以每周生产钼-99。该方式要研究的主要问题是水冷辐照孔道的生产能力无法满足日本国内需求（1000 居里/周）。

使用垂直辐照孔道的优势是通过高中子通量，可以生产足够的钼-99，但在反应堆运行过程中无法进行样品的插入和取出。此外，垂直辐照孔道的出货频率仅限于每月一次。

总之，日本实现 JRR-3 稳定供应钼-99 需要解决一系列问题，包括：在 JRR-3 停堆和定期检查期间无法生产；目前 JRR-3 的产能仅为国内需求的 20%～30%；处理高质量和大量钼-99 的设备不足；参与放射性同位素生产的研究和工程人员数量减少。

为此，日本方面需要制定适合利用 JRR-3 生产钼-99 的运行方案；设计和安装新的辐照孔道以提高生产能力；设计和安装专门用于生产钼-99 的热室。

（中国原子能科学研究院
刘乙竹、夏　芸、杜静玲、夏梦蝶）

退役治理

四十一、美、日、印、俄第三代玻璃固化设施建造进展

因乏燃料后处理产生的高放废液具有放射性高、毒性大、部分放射性核素半衰期长等特点，需要将其转化成稳定形态，并与生物圈长期安全隔离。目前公认的方法是将高放废液进行玻璃固化后送往深地质处置库进行长期处置。玻璃固化技术是将高放废液与玻璃基材按一定比例混合，在熔炉中以 900～1200 ℃煅烧、熔融，浇筑到容器后经退火转化为稳定的玻璃固化体，玻璃固化体具有良好的化学、机械稳定性和抗辐照性。

自 20 世纪 50 年代至今，高放废液玻璃固化设施已开发了四代工艺，分别为：第一代是采用感应加热金属熔炉的一步法罐式工艺，仅剩印度 1 个中试设施在运；第二代是采用回转煅烧炉和感应加热金属熔炉的两步法工艺，由法国研发，后被英国引进，两国有 3 个设施均已工业运行三十余年；第三代是焦耳加热陶瓷熔炉工艺，美国有 1 个设施已工业运行二十余年、1 个新建设施停工，日本有 1 个工业设施预计两年内投运、1 个中试设施准备退役，印度有 2 个中试设施在运，俄罗斯有 1 个设施在工业运行三十余年后关闭、准备新建 1 个设施；第四代是冷坩埚感应熔炉工艺，美、俄、法、中、印均在研发阶段。

1. 美国已建设施运行良好，在建设施停工待定

为了处理历史遗留的大量高放废液，美国在萨凡纳河和汉福特两大核材料生产基地启动了玻璃固化设施建设，前者已建成投运，后者尚未建成。

(1) 萨凡纳河基地高放玻璃固化设施工业运行 24 年，熔炉平均寿命约 11 年

国防废物处理设施是美国第一座、唯一在运的生产规模的玻璃固化设施，采用了第三代的陶瓷熔炉（呈茶壶型，直径 2.55 米、高 3.2 米），处理能力 225 升/小时。该设施于 1996 年开始运行，至今使用了 3 台熔炉，其中 1 号炉运行 6 年，2 号炉运行 14 年，3 号炉已运行 4 年，预计使用到 2029 年更换。

(2) 汉福特基地主要设施停工，部分设施将热试

美国正在汉福特基地建造世界最大的放射性废物处理工厂——WTP 厂，用于处理军用后处理遗留的约 21 万立方米高放废液。这些废液贮存在 177 个碳钢储罐中，已泄漏超过 3780 立方米。目前 WTP 厂建设严重拖期超概，使得废液处理工作远远落后于其他基地，WTP 厂也成为美国国会重点审查项目。

WTP 厂包括四个主要设施，一是预处理设施，将储罐废物分离出高放和中低放两股物料流；二、三是高放和低放废物玻璃固化设施，分别对分离出的高放和低放物料进行玻璃固化；四是分析实验室，用于确保玻璃固化产品符合监管要求。其中预处理设施和高放玻璃固化设施因工艺复杂、技术未解决，已于 2012 年停止设计和建造工作，进入维护状态。低放玻璃固化设施和分析实验室正在调试，预计 2023 年投运。

WTP 厂于 2001 年开始土建，初始签约金额 43 亿美元，至今已花费超过 110 亿美元，预计还要花费 190 亿～300 亿美元，总成本翻了 7 至 9 倍。该项目的最大问题是两个停工设施面临的技术难题，目前已攻克部分技术，但需要对已建成的 40%进行返工，将导致成本进一步增加。

（3）两基地建造玻璃固化设施一成功、一失败的原因分析

一是汉福特基地的废液来自 3 种后处理工艺，并且储罐运行维护时还添加了各种试剂，这造成废液的化学成分复杂，而萨凡纳河基地仅采用了成熟的普雷克斯后处理工艺，废液成分相对简单；二是汉福特熔炉尺寸大，在萨凡纳河熔炉成功应用的一些防贵金属和玻璃料沉积的设计，在汉福特熔炉效果不好；三是在管理上，两个场址自行选择废液处理技术路线，分别招标，能源部也未发挥好统筹协调作用，导致一些成功经验未能及时共享。

2. 日本六个所玻璃固化设施历经 7 年艰难研发，终热试成功

日本在东海村后处理中试厂建有一个高放废液玻璃固化示范设施，采用陶瓷熔炉（长 1.9 米、宽 1.9 米、高 2.3 米），设计处理能力 40 升/小时。该设施于 1995 年投运，大部分时间因故障停运和进行技术改造。最近一次在 2019 年 7 月重启，10 月就因故障停运至今，已准备退役。

日本六个所后处理厂采用的玻璃固化工艺，是将东海村的中试设施直接放大，熔炉长 3.08 米、宽 2.95 米、高 2.77 米，处理能力 70 升/小时。该设施于 2006 年 3 月开始热试，因未经 1：1 冷台架工程化验证，熔炉在热试阶段出现了各种问题，导致六个所后处理厂 8 次延期。例如，喷嘴堵塞花了 1 年解决；搅拌杆弯曲、耐火砖脱落花了 2 年解决；贵金属铂族元素沉积导致重新设计新熔炉。

日本于2010年决定对熔炉进行重新设计，不但吸收了国内外的先进经验，还进行了工业规模的验证。重新设计的现役熔炉自2012年1月开始恢复测试，2013年5月热试成功。此后，六个所后处理厂没有再因玻璃固化问题导致延期，最新消息显示预计2022年投运。

3. 印度具有玻璃固化中试设施自主研发能力，新建设施已投运4年

印度有两个第三代玻璃固化中试设施在运。其中，在塔拉普尔场址的陶瓷熔炉，直径1.6米，高2米，处理能力10～15升/小时，2006年运行至今；在卡尔帕卡姆场址的陶瓷熔炉，直径1.9米，高2.335米，处理能力15～20升/小时，于2013年启动热试，2017年年底完成热试后投运。

4. 俄罗斯将新建一个第三代玻璃固化设施，开始处理遗留高放废液

俄罗斯在马雅克基地已建有一个第三代陶瓷熔炉玻璃固化设施，1987年投运，2020年年底关闭，设计处理能力为500升/小时，共使用5座熔炉，实际处理能力只能达到400升/小时，运行期间共处理了约3.4万立方米高放废液，主要是由动力堆乏燃料后处理产生的。

俄罗斯计划在马雅克新建一个高放废液玻璃固化设施，将包含两个陶瓷熔炉：一个用于处理军工生产遗留的高放废液，沿用了旧熔炉设计并加以改进，预计使用寿命将达到8年，处理能力300升/小时，生产铝磷酸盐玻璃固化体，计划2023年开始调试，2027年投运；另一个为新开发熔炉，运行温度比旧熔炉高，生产硼硅酸盐玻璃固化体。新开发的熔炉设计紧凑，优点是运行后可拆除，并装入容器直接处置，已在马雅克建造了新熔炉的原型装置，并于2020年进行了测试。

5. 小结

目前世界上高放废液玻璃固化的主流工艺是第三代陶瓷熔炉技术，美、俄熔炉规模大，处理能力 200～400 升/小时，已运行二三十年，技术水平位于前列；日本自主研发了处理能力 70 升/小时的熔炉，已具备工业生产能力；印度自主研发了处理能力 20 升/小时的熔炉，具备了中试规模处理能力。英、法 20 世纪 90 年代建造了生产规模的第二代金属熔炉，沿用至今。美国一个玻璃固化设施已成功运行二十余年，而另一个建造了二十年却停工待修改设计，严重拖期超概，引起国会关注。日本新建设施试图将中试装置直接工程放大，导致问题不断，后经过七年研发、重新设计和工业规模验证，终获热试成功。印度虽然只具备玻璃固化中试规模自主研制能力，但其工艺不断进步，熔炉尺寸和处理能力逐步放大。俄罗斯马雅克基地旧玻璃固化设施工业运行 34 年后关闭，将用新建设施代替，已建完原型装置，计划 6 年后投运。俄罗斯将首次开始批量处理军工遗留高放废液。

（中核战略规划研究总院
张　雪、陈亚君、邓晨阳）

四十二、切尔诺贝利核电厂退役取得重要进展

2021年8月20日，乌克兰核监管局批准切尔诺贝利核电厂4号机组钢棺正式投运，并准许启动石棺拆解。这意味着切尔诺贝利核电厂退役取得重要进展，即将启动事故机组石棺和反应堆拆解、乏燃料和堆芯废物转移等极具技术挑战性的工作。

切尔诺贝利核电厂共有四台100万千瓦RBMK-1000机组，1977—1984年陆续投运，4号机组1986年发生核事故，1至3号机组此后仍持续运行了十多年。目前该电厂正在开展四项工作：一是4号机组退役，二是1至3号机组退役，三是放射性废物管理，四是乏燃料管理。

1. 4号机组退役

4号机组在事故后一直封存于石棺中。石棺在事故后6个月内使用钢筋混凝土建设，设计寿期为10年。为消除石棺老化带来的泄漏风险，切尔诺贝利核电厂2012—2019年在石棺外部建成了一座钢棺，并于2020年4月启动钢棺试运行。钢棺将石棺完全覆盖在内，设计寿期为100年，其主体是一座拱形钢结构建筑，南北向跨度257米，高108米，长162米，重约3.6万吨，总投资约15亿欧元。

由于钢棺在过去一年多的试运行中表现良好，符合设计预期，因

此乌核监管局近期批准钢棺正式投运，并准许启动石棺拆解。由于4号机组在事故期间曾发生爆炸，向外界释放了包括燃料碎片在内的大量放射性物质，因此石棺内部的放射性废物存量很大。未来切尔诺贝利核电厂需要应对大量无先例可循的技术挑战，包括查明石棺尤其是反应堆内部的放射性物质分布情况，拆解石棺和反应堆，转移乏燃料和堆芯废物、处理处置大量放射性废物等。切尔诺贝利核电厂估计这些工作需要耗时百年。

2. 1至3号机组退役进展

为了满足乌克兰电力需求，切尔诺贝利1至3号机组在1986年4号机组事故后继续运行了十多年，最后一台机组直到2000年才停运。

根据2010年通过的相关法律，三台机组将采用延缓拆除的退役策略，整个退役过程分为四个阶段：2000—2015年是第一阶段，即退役准备阶段，主要开展三台机组的燃料卸载工作，并将乏燃料转移至位于厂区的1号乏燃料贮存设施进行集中贮存；2015—2028年是第二阶段，即最终关闭阶段，主要任务是使反应堆和相关设备进入到长期封存状态；2028—2045年是第三阶段，即安全封存阶段，使反应堆和相关设备的放射性自然衰减至一定水平；2045—2065年是第四阶段，即拆除阶段，将拆解反应堆，并完成环境清理工作。三台机组目前处于退役的第二阶段。

3. 放射性废物管理

为推进四台机组退役放射性废物的管理工作，切尔诺贝利核电厂建设了四类设施：一是放射性液体废物处理设施，二是放射性固体废物管理综合体，三是废物容器制造设施，四是放射性废物中间贮存设施和处置设施。

液体废物处理设施2021年5月获得运行许可证，可以作为一座独立设施持续运行，每年能够对至少2500立方米放射性液体废物进行水泥固化处理。固体废物管理综合体2010年获得运行许可证，可根据中、低放固体废物的性质分别进行焚烧、压实和水泥固化处理，将废物转变为适合长期安全处置的形式。废物容器制造设施2012年投入运行，负责制造供液体废物处理设施和固体废物管理综合体使用的容器，每年能制造3.4万个金属桶和700个钢筋混凝土容器。中、低放长寿命废物和高放废物中间贮存设施2010年投运，总容量为3500立方米。低放短寿命废物近地表处置设施2007年投运，总容量为5.5万立方米。

目前，切尔诺贝利核电厂贮存着2.26万立方米放射性废物，包括2.01万立方米液体废物和2500立方米固体废物。预计四台机组退役总计将产生17.7万立方米放射性废物，包括14.1万立方米固体废物和3.6万立方米液体废物。

4. 乏燃料管理

为了管理四台机组在运行期间产生的约2.1万个乏燃料组件，切尔诺贝利核电厂已建成两座乏燃料贮存设施，即1号和2号设施。

1号设施采用湿法贮存技术，1986年投入运行，贮存着切尔诺贝利核电厂几乎所有乏燃料组件。由于1号设施的设计寿期将于2028年到期，切尔诺贝利核电厂1999年启动2号设施建设。这是一座干法贮存设施，2021年7月正式投运，接收首批乏燃料组件，设计寿期为100年，总投资超过4亿欧元。未来十年，该设施将逐步接收并贮存1号设施的乏燃料，成为全球最大的干法乏燃料贮存设施。

此外，为了对乌克兰另外三座VVER核电厂的乏燃料进行集中贮存，切尔诺贝利核电厂在2017—2021年完成集中式贮存设施一期工程建设。这是一座干法贮存设施，可容纳 3600 个乏燃料组件，将在乏燃料铁路运输线完成测试后开始接收乏燃料。未来该设施的总容量将逐步提升至 1.65 万个乏燃料组件，包括 1.2 万个 VVER-1000 组件和 4500 个 VVER-440 组件，设计寿期为 100 年。

5. 小结

切尔诺贝利核电厂退役是一项长期、极具挑战性的艰巨任务。相关工作一直在持续稳步推进，并于近期取得三项重要进展：一是 4 号机组获准启动石棺拆解，二是放射性液体废物处理设施获得运行许可证，三是 2 号乏燃料干法贮存设施投运。其中第一项进展尤为引人瞩目，因为这意味着事故机组退役取得里程碑式进展，将进入一个可能历时百年的新阶段。

（中核战略规划研究总院
伍浩松、张　焰）

四十三、日本福岛核电厂退役进展与挑战

2011 年 3 月，日本东北海域发生里氏 9 级地震并引发大规模海啸，导致福岛第一核电厂发生自 1986 年切尔诺贝利核事故以来的最严重核事故，对世界核工业发展产生了深远而重要的影响。十年后的今天，日本已完成事故电厂周边大部分地区的环境治理，退役也取得一定成效，在厂区 96%的区域停留时无需穿戴辐射防护服和面罩，完成 2 台事故机组乏燃料池的腾空作业。含氚污水管理和堆芯燃料碎片取出是当前面临的主要挑战。

1. 环境和人体健康影响

根据联合国原子辐射效应科学委员会的评估，福岛核事故导致大量放射性核素释放，污染了周边环境，使当地和日本经济遭受重大损失。福岛第一核电厂周边 12 个市町村根据中央政府或地方政府指令疏散了近 16.5 万人。

此次事故给人体健康造成的影响相对有限。在 2011 年 3 月至 12 月参与抢险的近 2 万名工作人员中，数百人的累积剂量超过正常水平，其中 6 人超过监管机构设定的允许限值 250 毫希沃特，在 309 至 678 毫希沃特之间（对于挽救生命的行动，国际社会为抢险人员设定的应急辐射照射剂量限值为 500 毫希沃特），但没有人患有急性辐射综合

症。持续对周边居民进行的体检表明，没有人受到辐射伤害，或受到有害剂量水平的辐射照射。

2. 周边环境治理

福岛第一核电厂周边环境去污工作正在按计划进行。随着这项工作的逐步推进，疏散令覆盖面积从 2014 年 4 月开始逐渐缩小，现已从最初的 1150 平方公里缩小至 337 平方公里，占福岛县总面积的 2.4%。截至 2021 年 2 月，约 3.6 万人继续处于避难状态。

日本复兴厅民意调查发现，绝大部分疏散人员不愿意返回。在福岛县已取消疏散令的 10 个市町村中，实际返回居民人数仅占登记注册居民总数的近 32%。为此，复兴厅决定从 2021 财年开始执行鼓励计划，如果能够在福岛第一核电厂周边 12 个市町村定居满五年或企业运营满五年，则家庭能够获得 200 万日元（1.93 万美元）补贴，企业能够获得 400 万日元额外补贴。

3. 福岛退役路线图和实施进展

日本政府 2019 年 12 月公布第五版福岛第一核电厂中长期退役路线图，阐述了主要退役步骤和活动。退役将耗时 30 至 40 年，分为三个阶段（详见图 1）：第一阶段从 2011 年 12 月—2013 年 11 月，结束的标志是启动 4 号机组乏燃料池燃料转移工作；第二阶段从 2013 年 11 月—2021 年 12 月，结束的标志是开始从首台机组取出堆芯燃料碎片；第三阶段从 2021 年 12 月起直至退役完成，预计将历时 20 至 30 年。目前处于退役的第二阶段。

拟于 2021 年启动的 2 号机组燃料碎片取出作业将至少推迟一年，原因是受新冠疫情影响，原计划在英国开展的机械臂研究工作陷入停滞。

在 4 台事故机组中，已有 2 台机组完成乏燃料池腾空作业，4 号机组 2014 年 12 月完成，3 号机组 2021 年 2 月完成。1 号和 2 号机组的相关工作将分别于 2027 年和 2024 年启动。

4. 含氚污水管理挑战

含氚污水管理是福岛退役面临的一项紧迫挑战。主要受降水和地下水持续流入并与厂区污染物混合的影响，污水量在不断增加。已采取包括建设地下水旁流系统和冻土式防渗墙在内的多项措施，降低污水增加速度，但无法将增速降为零。由于污水净化设施无法除氚，建设了大量储罐，用于贮存净化后获得的含氚污水。截至 2021 年 2 月，福岛已累积近 125 万立方米含氚污水，即将达到贮存容量上限约 137 万立方米。鉴于污水仍在以日均约 140 吨的速度增加，含氚污水到 2022 年将无处可存。

对于福岛积累的大量含氚污水，经产省专门委员会在对海洋排放、蒸汽排放、注入深地层、电解后氢释放、固化处理后地下埋藏和异地长期贮存等六种方案进行研究之后，2021 年 1 月初步决定从海洋排放和蒸汽排放中选择一个或两措并举。为试探各方态度，政府官员曾在 2020 年 10 月向外界透露拟于年底前作出向海洋排放污水的决定，但引发各方强烈反对。

5. “2・13” 地震影响

2021 年 2 月 13 日，日本东北地区发生里氏 7.3 级地震，震源深度 55 公里，至少造成 1 人死亡、逾百人受伤，数千栋房屋受损。此次地震影响最严重地区有五座核电厂，即福岛第一核电厂、福岛第二核电厂、东海第二核电厂、女川核电厂和柏崎・刈羽核电厂。福岛第一和第二核电厂已经永久关闭，另外三座在福岛核事故后一直处于停运状态。地震发生后，五座核电厂的辐射监测数据均未现异常，没有发生放射性泄漏。

对于备受关注的福岛第一核电厂，媒体多次报道称“2·13”地震导致安全问题，引发公众担忧。根据业主东京电力公布的信息，地震虽造成一定影响，但福岛第一核电厂总体上处于安全受控状态，退役治理工作未受到严重干扰。媒体报道内容和东京电力公司公布的信息主要涉及五起事件。

第一，福岛第一核电厂 5、6 号机组和福岛第二核电厂 1 号机组乏燃料池确有少量水外溢，主要由地震引发的振动导致，乏燃料冷却未受影响，没有人员因此受到辐射照射；第二，福岛第一核电厂 1 号和 3 号机组安全壳内水位分别下降 70 厘米和 30 厘米，1 号机组安全壳内压力下降，原因是地震导致安全壳破损加剧，监测数据未见异常；第三，福岛第一核电厂 3 号机组的 2 台地震仪 2020 年发生故障，此后一直没有维修，导致没能记录下“2·13”地震动数据，引发对东京电力公司危机管理不到位的指责；第四，福岛 53 个污水储罐出现 3 厘米至 19 厘米的位置偏移，没有发生污水泄漏；第五，在距离海岸线约 8.8 公里的渔场中捕捞出放射性元素铯含量达到日本国家标准 5 倍的黑鱼，其他鱼的放射性核素含量未见异常，有媒体暗示这是因“2·13”地震引发放射性泄漏，但这一结论值得商榷，因为新的泄漏不会仅导致一种鱼超标。

6. 小结

福岛退役治理是一项长期、极具挑战性的艰巨任务，需要解决堆芯燃料碎片取出、巨量污水管理等一系列无先例可循的难题，耗费大量人力物力。过去十年，日本虽然在退役治理方面取得一定进展，但受新冠疫情、公众反对等一系列不可控因素影响，退役进度已出现滞后。由于所处的地理位置，福岛未来将继续面临地震甚至海啸的考验。

（中核战略规划研究总院

伍浩松、张　焰）

四十四、国际原子能机构启动对日本福岛污水排海的审查和监督

国际原子能机构 2021 年 9 月 7 日正式启动对日本福岛巨量污水排海的安全审查和监督。预计日本将于 2023 年启动污水排海，并持续数十年。国际原子能机构专家组将对污水排海进行全程评估与监督核查。

1. 背景情况

日本政府正在稳步推进福岛第一核电厂的退役。巨量放射性污水管理和处置是该电厂退役面临的一项紧迫挑战。虽然福岛已建成多座用于去除放射性核素的污水净化设施，但这些设施不能有效去除污水中的氚，因此福岛目前贮存了 127 万立方米含氚污水。受降水和地下水持续流入并与厂区污染物混合的影响，污水数量还在不断增加，预计将于 2022 年达到 137 万立方米的贮存上限。届时污水将无处存放，电厂退役将受到严重影响。

在对海洋排放、蒸汽排放、注入深地层、电解后氢释放、固化处理后地下埋藏和异地长期贮存六种方案进行研究之后，日本 2021 年 4 月宣布决定使用投资额最低的海洋排放方案处置污水。这一决定在国内外受到强烈批评。

福岛业主东京电力公司 2021 年 8 月公布了分为两个步骤的污水排

放方案：首先使用海水对污水进行充分稀释，使氚活度浓度低于每升1500贝克勒尔，即不超过世界卫生组织饮用水氚活度浓度指导值的1/7（每升1万贝克勒尔）；然后通过位于地下12米的一条直径为2.5米、长为1千米隧道向海洋排放污水。通过地下隧道排放的原因是防止污水回流到电厂取水口。未来将利用这些取水口提取稀释污水所需的海水。东京电力公司表示将于近期向核监管机构提交地下隧道的建设申请，并开展相关准备工作，拟于2022年启动隧道建设，2023年启动污水排海。

为树立污水排海合法合规形象，日本于2021年7月与国际原子能机构签署合作协议，邀请后者对污水排海进行五方面的安全审查和监督：一是在排放前检测污水的放射性；二是对排放过程及其路线图进行安全审查；三是评估排放对人员和环境的放射性影响；四是监督日本本国对污水排海的监管控制过程，包括授权、检查、审查和评价；五是开展与污水排放相关的环境监测。

2. 启动监督和审查

一个由国际原子能机构副总干事兼核安全和安保部部长莱迪·埃夫拉尔带领的工作组2021年9月7日正式启动对福岛污水排海的安全审查和监督。9月7日至9日，工作组对福岛第一核电厂进行了现场访问，并与日本外务省、经济产业省和原子力规制委员会的官员进行会谈，初步就审查和监督日程安排达成一致，未来将主要聚焦三方面工作：安全相关工作、监管活动和环境监测。

国际原子能机构福岛污水排海专家组拟于2021年11月底前召开专题会议，并在今年年底前对福岛进行首次现场技术评审。专家组的工作主要包括两部分：审查日方提交的资料以及对福岛进行现场访问和调查。

3. 污水排放的放射性影响

日本在4月宣布将采用污水排海方案时表示，将把福岛污水年度氚排放量限值设定为22万亿贝克勒尔，与日本监管机构在福岛核事故前给福岛第一核电厂设定的年度排放限值相同。

日本预计，海洋排放造成的放射性影响会很小：氚活度浓度超过本底水平（每升1贝克勒尔）的海域局限于福岛第一核电厂方圆2千米以内；即使在这些海域，氚活度浓度为每升1至10贝克勒尔，远低于世界卫生组织饮用水氚活度浓度指导值；污水排放给日本公众造成的辐射剂量将低于本底辐射剂量（每年2.1毫希弗）的十万分之一。

为加强对污水排海不会给海洋生物造成负面影响的信心，东京电力公司未来将使用三种水养殖海洋生物，以进行对比研究：一是在排放前从福岛周边提取的海水（氚活度浓度约为每升1贝克勒尔）；二是准备排放的稀释后污水（氚活度浓度约为每升1500贝克勒尔）；三是启动排放后从福岛周边提取的海水（氚活度浓度低于每升1500贝克勒尔）。

4. 小结

虽然日本表示污水排海的放射性影响很小，且国际原子能机构将对排海行动进行全程监督，但是由于这一行为将持续数十年，必将给核能利用的社会形象造成不良影响，使核工业的未来发展面临更大的阻力。由于日本核电企业尤其是福岛业主东京电力公司在核电安全运行方面屡有不良记录——历史上曾多次瞒报核事件并篡改相关记录，因此未来一定要加强对福岛污水排海的持续跟踪分析研判，以便能及时采取应对措施。

（中核战略规划研究总院
伍浩松、李晨曦）